BLAUE REIHE

LEUCHTTÜRME

Eigel Wiese

HEEL

Impressum

HEEL Verlag GmbH
Gut Pottscheidt
53639 Königswinter
Tel.: 0 22 23/92 30-0
Fax: 0 22 23/92 30-26

Verantwortlich für den Inhalt:
Eigel Wiese

Buchgestaltung, Satz- und Reproarbeiten:
Fotosatz Hoffmann, Winterscheid

Druck und Verarbeitung:
New Interlitho, Caleppio (Mailand)

Printed and bound in Italy

ISBN: 3-89365-748-7

BLAUE REIHE

LEUCHTTÜRME

EIGEL WIESE

HEEL

Inhaltsverzeichnis

Leuchttürme – Seezeichen und Wahrzeichen von der Antike bis zur Hanse

Leuchttürme sind die ältesten verkehrsregelnden Zeichen der Menschheit, die noch heute im Gebrauch sind. Zwar hat ihre Technik sich im Laufe der Jahrhunderte stark verändert, aber ihre Funktion ist eigentlich immer die gleiche geblieben: Mit ihrem Licht sollen sie nachts Schiffen buchstäblich heimleuchten oder vor gefährlichen Untiefen warnen.

Geblieben ist aber nicht nur ihre Funktion, geblieben ist auch ihre Faszination. Die Menschen der Antike, die erste Leuchtfeuer an ihren Küsten

So stellte sich ein Zeichner im 19. Jahrhundert den Pharos von Alexandria vor. Historisch ist diese Darstellung, nach allem was wir heute wissen, nicht korrekt.

erlebten, verstanden auch sofort deren Symbolik. So ist es sicherlich kein Zufall, daß zwei der sieben Weltwunder, nämlich der Pharos von Alexandria und der Koloß von Rhodos, der Überlieferung nach Leuchtfeuer für die Seefahrt gewesen sind.

Alexandria in Ägypten war nach dem Eroberer des Landes am Nil, Alexander dem Großen, benannt worden. Nach dem Tod Alexanders übernahm sein bisheriger General und Leibwächter Ptolemäos die Herrschaft in Ober- und Unterägypten. Er erklärte sich 304 v. Chr. zum König und nahm den Beinamen Soter (= der Retter) an.

Soter wollte die Sicherheit der Schiffahrt zum aufblühenden Hafen von Alexandria weiter verbessern und gab seinem Architekten Sostratos den Auftrag, auf der Insel Pharos einen hohen Turm als Seezeichen zu bauen. So sollte die konturlose und an natürlichen Landmarken arme Küste des Nildeltas leichter anzusteuern sein.

Sostratos ahnte wohl, was für ein bedeutendes Bauwerk dieser Turm werden würde. Denn es ist überliefert, auf welch raffinierte Art er sich selbst ein Denkmal setzte. Zu jener Zeit war es üblich, nicht den Namen des Baumeisters auf dem Bauwerk zu verewigen, sondern denjenigen des auftraggebenden Herrschers. Sostratos folgte diesem Brauch und brachte den Namen des Ptolemäos Soter auf einer Gipsplatte an. Im Laufe der Zeit wurde der Gips vom Wind und Regen abgewaschen, und darunter erschien eine andere Inschrift:

Sostratos, Sohn des Dexiphanes, aus Knidos
Im Namen aller Seeleute
Den rettenden Göttern

Heute ist unter Wissenschaftlern umstritten, ob auf der Spitze des Turmes von Alexandria von Anfang an ein Feuer brannte. Diejenigen, die es bezweifeln, berufen sich auf einen Text von Plinius dem Jüngeren, den der römische Schriftsteller um 70 n. Chr. geschrieben hat. Da heißt es: „Die Insel Pharus, die jetzt durch nächtliches Feuer vom Turm aus den Lauf der Schiffe regelt." Plinius stellt dieses Feuer also als eine Neuerung und für die Schiffahrt erwähnenswerte Verbesserung dar. Diejenigen, die meinen, der Turm von Alexandria sei sofort auch ein Leuchtfeuer gewesen, zitieren die Schriften des Dionysos aus Byzanz, eines an sich unbedeutenden Geographen. Bei ihm findet sich ein Hinweis aus dem vierten Jahrhundert v. Chr. von einem Leuchtfeuer am Bosporus: „Es wurde für die Sicherheit der Schiffe gebaut, und ein Feuer war dort angezündet, um ihnen den Weg zu weisen. Dionysos erwähnt auch den Betreiber des Turmes, einen gewissen Timaios. Von den sieben bekannten Männern der Antike mit diesem Namen kommt nach einer Theorie des amerikanischen Historikers Sprague de Camp am ehesten Timaios von Kyzikos in Frage, ein Zeitgenosse des Aristoteles (*384 v. Chr. – 322 v. Chr.), der zwei Generationen vor Soter gelebt hat. Wenn also Leuchtfeuer für die Schiffahrt in dieser Zeit schon gebräuchlich waren, ist es unwahrscheinlich, daß man eine solche Möglichkeit für das hohe Bauwerk von Alexandria nicht von Anfang an genutzt haben sollte.

Eines ist sicher: In späteren Zeiten brannte auf dem Turm an der ägyptischen Küste nachts ein Feuer. Dafür gibt es überlieferte Augenzeugenberichte. Aus ihnen kann man annehmen, daß der Turm wohl aus einem großen, sich nach oben verjüngenden Turmsockel bestand, der allein schon 75 Meter hoch war. Darauf stand ein achteckiges Mittelteil mit einer Höhe von 35 Metern und darüber das 25 Meter hohe zylindrische Oberteil.

Eine der besten, wenn auch nicht in allen Punkten unumstrittenen Beschreibungen des Turmes stammt von dem maurischen Reisenden Idrisi, dem Sohn eines Fürsten aus Zeuta, der um 1115 das östliche Mittelmeer bereiste: „Wir stehen vor dem berühmten Leuchtturm, der in der ganzen Welt an Harmonie der Architektur und an Solidität nicht seinesgleichen hat. Denn abgesehen davon, daß er aus vorzüglichem Stein erbaut ist, sind die einzelnen Schichten dieser Steine durch geschmolzenes Blei miteinander verbunden, und diese Bindung ist so fest, daß der ganze Bau unzerstörbar ist, obwohl das Meer aus Norden unablässig gegen ihn anbrandet. Seine Höhe beträgt 300 Ellen, jede gleich drei Spannen, was eine Höhe von 100 Klaftern ergibt (in heutigem Maß ausgedrückt, schätzt Idrisi das Bauwerk auf eine Höhe von rund 200 Metern, was sicherlich bei weitem überschätzt ist, eine Höhe von 130 Metern scheint realistisch zu sein. Anm. des Autors).

Man klettert bis zur Spitze auf einer breiten Treppe im Innern, so breit wie jene, die meist in Minaretten gebaut werden. Die erste Treppe endet etwa auf halber Höhe des Turmes, und von da an wird der Bau auf allen vier Seiten schmaler. Im Innern und unter der Treppe sind Kammern angelegt. Von der Galerie angefangen, erhebt sich der Leuchtturm

Laut Überlieferung soll der Koloß von Rhodos breitbeinig über der Hafeneinfahrt gestanden haben. Doch dies ist sicherlich in den Bereich der Legende zu verweisen.

immer schmaler bis zur Spitze, bis man sich beim Treppensteigen kaum mehr drehen kann.

Von dieser gleichen Galerie gelangt man auf die Spitze durch eine Reihe von Stufen, die schmaler sind als die untere Treppe. Überall ist der Turm von Fenstern durchbrochen, damit die heraufsteigenden Menschen sehen können.

Dieser Bau ist wahrhaft einzigartig, sowohl durch seine Höhe wie durch seine Solidität. Er ist sehr nützlich insofern, als er Tag und Nacht während der ganzen Saison der Schiffahrt ein Richtfeuer für die Seeleute unterhält. Die Seeleute kennen das Feuer und richten sich danach. Denn es ist bis auf die Entfernung einer Tagesfahrt sichtbar. Nachts sieht das Feuer wie ein glänzender Stern aus, tags kann man weithin seinen Rauch sehen."

Wann der Name der Insel Pharos auf den Leuchtturm überging, und wann in den romanischen Sprachen der Name „pharos" in leicht abgewandelter Form zum Begriff für Leuchtturm schlechthin geworden ist, läßt sich heute nicht mehr mit Sicherheit feststellen. Sicher ist nur, es muß vor der Zeit der Reise des spanischen Mauren Jussuf ibn-asch-Scheik gewesen sein. Denn als er den Turm 1165 sah, war er bereits kein Leuchtfeuer mehr. Erdbeben hatten Mittel- sowie Oberteil zerstört, und auf dem verbliebenen 75 Meter hohen Sockel stand eine Moschee. Ein Jahrhundert nach diesem Besuch stürzte auch dieser Rest des Turmes bei einem weiteren Erdbeben ein. Die Trümmer waren noch im 15. Jahrhundert zu sehen, heute sind sie ganz verschwunden.

Der Pharos von Alexandria beflügelt die Phantasie der Menschen bis heute. So gibt es Pläne, ihn wieder aufzubauen, äußerlich so, wie die Überlieferungen ihn schildern, innen mit moderner Hoteleinrichtung, die ihn zu einer Attraktion werden lassen soll.

Es tauchen auch immer wieder Berichte auf, nach denen Taucher angeblich Steine des Turmes im Meer gefunden haben wollen. Ob es stimmt oder ob der Wunsch, Spuren des antiken Weltwunders zu finden, die Kritikfähigkeit trübte, ist nicht sicher. So scheint es aber bei einem anderen antiken Leuchtfeuer und Weltwunder gewesen zu sein, beim Koloß von Rhodos. Diese kolossale Statue, die nach phantasievollen Rekonstruktions-Zeichnungen des 18. Jahrhunderts angeblich breitbeinig über der Hafeneinfahrt gestanden haben soll, trug in der rechten erhobenen Hand eine Schale, in der ein Feuer brannte. Dieser Koloß war als Siegesdenkmal entstanden. Der Herrscher Demetrios hatte versucht, das zerfallende Alexanderreich zusammenzuhalten und deshalb Rhodos belagert, weil es mit dem feindlichen ptolemäischen Ägypten verbündet war. Die Truppen des Demetrios

Vor der Hafeneinfahrt von Ostia stand ein Leuchtturm als Zeichen römischer Seemacht.

setzten Belagerungsmaschinen ein, konnten Rhodos aber trotzdem nicht einnehmen. Als dann auch noch Verstärkung aus Ägypten zur Entlastung der Verteidiger kam, zogen sich die Belagerer fluchtartig zurück. Die schweren Belagerungsmaschinen vor den Stadtmauern ließen sie stehen.

Die Einwohner von Rhodos schmolzen die bronzenen Teile der Maschinen ein und beauftragten 290 v. Chr. den Bildhauer Chares aus Lindos, eine Staue des Sonnengottes Helios, des Schutzpatrons von Rhodos zu gießen. Sie war etwa 285 v. Chr. fertig. Die Belagerungsmaschinen müssen aus Unmengen von Metallteilen bestanden haben, denn die Statue wurde über 30 Meter hoch. Da sie dem Sonnengott Helios geweiht war, ist es durchaus möglich, daß sie, wie auf vielen alten Darstellungen zu sehen ist, eine Feuerschale in der Hand trug.

Die Figur war so groß und so berühmt, daß sie ähnlich wie der Pharos die Sprache prägte. Ursprünglich bedeutete das Wort *kolossos* einfach nur Figur. Doch wegen der Größe des Kolosses von Rhodos wird es seither als Synonym für riesenhaft verwendet. Etwa im Jahre 227 v. Chr. zerstörte ein

Erdbeben die Figur, ihre Trümmer sollen noch jahrhundertelang zu sehen gewesen sein. Als eine kriegerische arabische Flotte über Zypern an der kleinasiatischen Küste entlang nach Rhodos vordrang, plünderte sie auch Rhodos und sammelte die bronzenen Überreste des Kolosses ein. Die Metallstücke wurden zum Festland gebracht und auf 900 Kamelladungen abtransportiert.

Auch diese Figur hat die Phantasie nachfolgender Generationen immer wieder beflügelt. So plante man 1971, einen solchen Koloß nach einem Entwurf des amerikanischen Bildhauers De Welton als Touristenattraktion wieder entstehen zu lassen. Und im Sommer 1987 tauchten in den Zeitungen Meldungen auf, wonach die riesige Hand der Statue gefunden worden sein sollte, Taucher hatten sie in 52 Meter tiefem Wasser entdeckt. Sie wurde an die Oberfläche gebracht und ihr Foto ging um die Welt - es zeigte ein Objekt mit tiefen Einkerbungen, die tatsächlich ein wenig wie die Finger einer Hand aussahen. Doch dann stellte sich heraus, daß diese Kerben ganz einfach von einem Schwimmbagger stammten. Daraufhin wurde die vermeintliche Riesenhand wieder ins Meer geworfen.

Wer aus diesen beiden Weltwundern schließt, Leuchttürme hätte es in der Antike häufig gegeben, der irrt. Nachts sichtbare Seezeichen waren zu jener Zeit eigentlich selten. Das Mittelmeer war schon immer ein Schönwetterrevier, es hat weder nennenswerte Gezeiten, noch starke Brandung. Die Schiffe fuhren fast ausschließlich im Sommer. Zur Orientierung dienten ihnen Landzungen und Kaps, auf einigen der wichtigsten standen Tempel, um sie besser erkennen und unterscheiden zu können. Nachts und bei widrigen Winden blieb man im schützenden Hafen.

Erst die Römer mit ihrem hochentwickelten Staatswesen und ihren weit vom Heimatland entfernt liegenden Kolonien, zu denen Schiffe auch Nächte hindurch segeln mußten, hatten das Bedürfnis, Leuchtfeuer zu bauen, um den Gubernatoren, den Kapitänen, die Navigation zu erleichtern. Andere Hilfsmittel gab es in jener Zeit noch wenige. Außerdem setzt der regelmäßige Betrieb von Leuchttürmen in so weit auseinanderliegenden Gebieten voraus, daß ein Staatswesen im Hintergrund stand, das eine solche Aufgabe organisatorisch bewältigen konnte. Es mußte Brennmaterial zur Verfügung gestellt und es mußten Mannschaften zur Bewachung und Unterhaltung bezahlt werden. Der erste Leuchtturm dieser Epoche, der nachweislich von Anfang an für Befeuerung geplant war, wurde von Kaiser Caligula im Jahre 40 n. Chr. auf seinem gallischen Feldzug bei Boulogne errichtet. Er sollte den Schiffen, die Kontakt zu der neuen Kolonie hielten, die Einfahrt in den Hafen erleichtern.

Einer der großen Umschlagplätze des römischen Reiches war zu jener Zeit Ostia unweit Roms an der Tibermündung. Die drei Kaiser Claudius, Nero und Trajan haben diesen Hafen Stück für Stück ausgebaut. Claudius, der Nachfolger Caligulas, ließ im Jahre 42 in Ostia einen Leuchtturm bauen, den Faro Ostiense. Um ihn vor die Hafeneinfahrt zu setzen, mußte erst eine künstliche Insel geschaffen werden, die zugleich Wellenbrecher für das runde Hafenbecken sein sollte. Die Konstrukteure lösten das Problem, indem sie ein für die damaligen Zeiten riesiges Schiff, es hatte gerade einen Obelisken aus Ägypten transportiert und war für normale Aufgaben viel zu groß, vor der Einfahrt versenkten und es mit Sand und Steinen auffüllten. Später bezeichneten Ingenieure so etwas als ein Senkkastensystem.

Der Bau von Leuchttürmen, die mehr als lokale Bedeutung hatten, setzte schon immer ein gut funktionierendes Staatswesen voraus.

Die Rekonstruktion zeigt einen Turm mit einem quadratischen Erdgeschoß, darüber erheben sich drei, jeweils kleiner werdende runde Geschosse. Das imposante Gebäude stand auf einer halbkreisförmigen Mole vor der Hafeneinfahrt und war sicherlich nicht nur als Navigationshilfe gedacht, sondern zugleich als Demonstration römischer Seemacht. Heute ist auch von diesem Turm keine Spur mehr zu finden.

Die Anlage des Hafens von Ostia aber blieb für lange Zeit beispielhaft. Der deutsche Architekt Joseph Furttenbach (1591–1667), der auch Kapitän gewesen war, hatte nach einer Reise durch Italien im Jahre 1629 sein Buch „Architektura Navalis" veröffentlicht. Es enthielt nicht nur detaillierte Schiffsbeschreibungen und Schilderungen von Seeschlachten, sondern auch die Ansicht eines „Idealhafens". Dieser sah der Anlage von Ostia recht ähnlich: Die Schiffe lagen geschützt zwischen halbkreisförmigen Kaimauern, die sich gut verteidigen ließen. Vor die Hafeneinfahrt war eine ebenfalls bewaffnete Bastion gebaut, auf der ein großer Leuchtturm stand und Schiffen am Tag als Sichtmarke, bei Nacht mit seinem Feuer die Ansteuerung erleichterte.

Noch im ersten Jahrhundert wurden im römischen Reich weitere Leuchttürme, bis hin zur Küste des Ärmelkanals, aufgestellt. Berühmte Türme jener Zeit waren die von Abydos, Boulogne, Chrysopolis, Dover, Frejus, Lion, Marseille und Ravenna.

Die Ruinen von einigen dieser römischen Leuchttürme sind noch heute erhalten. So etwa in Frejus und Dover. Die stark verwitterte und schon zum Teil mit Flechten überwachsene Ruine des Leuchtturmes von Dover gilt als das älteste Bauwerk des Landes. Noch heute sind die Fenster von drei Stockwerken gut zu erkennen. Die Engländer nennen den Turm „Devil's Drop of Mortar", des Teufels Mörteltropfen. Doch die Seeleute, die sich nach diesem Leuchtfeuer orientiert haben, werden an ihm nichts Teuflisches gefunden haben.

So unglaublich es klingt, ein Leuchtturm aus der Antike ist noch heute in Betrieb. Er steht in La Coruna an der Nordwestecke Spaniens. Dieser 40 Meter hohe viereckige Turm wird auch als Herkulessäule bezeichnet. Der Sage nach soll er schon von den Phöniziern erbaut worden sein, also etwa zwischen 1000 und 800 v.Chr. Im Laufe der Jahrhunderte wurde der Turm mehrfach gründlich überholt, so etwa zur Zeit des römischen Kaisers Trajan (98 bis 117) und zuletzt Ende des 18. Jahrhunderts. Sogar ein modernes Lampengehäuse trägt er mittlerweile. Insgesamt soll es im Altertum im Mittelmeerraum 250 bis 300 Leuchtfeuer gegeben haben. Die große Zahl erklärt sich daraus, daß auch kleine, nur für die örtliche Schiffahrt entzündete Orientierungsfeuer mitgezählt wurden, die eigentlich nur Schiffen die Heimkehr in den eigenen Hafen erleichtern sollten.

Wie sehr Leuchttürme auch ein Symbol der Seemacht sind und ein funktionierendes Befeuerungssystem ein Zeichen von gut organisierten Staaten ist, die Handel über See treiben und starke Handelspartner haben, das zeigte sich, als das mächtige römische Reich der Antike zerfiel. Den Mittelmeerraum als Zentrum des damaligen Handels beherrschten nun islamische Völker, schon zuvor hatten die Wirren der Völkerwanderung und Seeräuberei der Araber die Schiffahrt schwer behindert. Die Araber als neue Herrscher rund ums Mittelmeer orientierten sich nach Osten, sie unternahmen lange Handelsreisen nach Indien und China. Das gut organisierte System der Befeuerungen aus römischer Zeit verfiel. Für lange Zeit hatte die abendländische Schiffahrt nur noch lokale Bedeutung.

Für die kleine Küstenschiffahrt reichte es aus, offene Feuer auf Klippen oder niedrigen, aufgemauerten Fundamenten zu entzünden. Dort, wo die Reichweiten ein wenig größer sein mußten, baute man hölzerne Gestelle, sogenannte Blüsen, auf denen Feuer brannten, oder man errichtete Wippfeuer, an deren langen Balken ein eiserner Korb mit brennenden Kohlen gehißt werden konnte.

Erst als die politische Lage sich wandelte und wieder Pilger nach Jerusalem reisen konnten, ergaben sich für die Hafenstädte Italiens neue Verdienstmöglichkeiten. Sie rüsteten nun die Schiffe der frommen Reisenden aus. Als Papst Urban II. im Jahre 1095 zum ersten Kreuzzug auflief und weitere dieser kriegerischen Unternehmungen gegen die islamischen Herren

Jerusalems folgten, wurden die Hafenstädte reich. Besonders Venedig sicherte sich eine gute Stellung, indem es seine Beziehungen zu Byzanz pflegte und dafür vertraglich zugesicherte Vorrechte beim Zoll hatte. Zu ihrer Blütezeit soll die Stadt in der Lagune 3500 Frachtsegler unter ihrer Flagge gehabt haben.

Der aufblühende Orienthandel brachte weiteren Reichtum in die Städte Italiens. Sie alle lebten überwiegend von der Schiffahrt und hatten ein vitales Interesse an ihrer Sicherheit. Denn den Kaufleuten lag viel an zuverlässigen Transporten über See. Deshalb bauten sie auch wieder Leuchttürme an die Einfahrten zu ihren Häfen, Urkunden besagen, daß der erste Turm aus dieser Epoche 1154 unweit von Pisa an der Mündung des Arno errichtet wurde.

Auch in Livorno und Genua, Venedig und Neapel gab es Leuchtfeuer für die Schiffahrt. Sie schienen wesentlich heller als ihre Vorgänger in der Antike, denn auf diesen Türmen standen erstmals mit Glas geschützte Laternen, in denen Kerzen oder mit Öl gespeiste Dochtlampen brannten.

Die Handelsströme im Norden Europas nahmen dagegen erst wieder zu, als sich vom 12. Jahrhundert an Kaufleute mehrerer nordischer Städte zur Hanse zusammenschlossen. Das brachte auch für die Schiffahrt neuen Aufschwung. Denn die großen Warenmengen ließen sich am schnellsten auf dem Wasserweg transportieren, und der Handel blühte nur, wenn der Transport über See sicher war. So wurde die Seetüchtigkeit der Schiffe gesteigert und die Schiffahrtsrouten gegen Überfälle von Piraten militärisch gesichert. Hafenstädte erlebten eine ungeahnte Konjunktur.

Aber die navigatorischen Verfahren des Nordens fielen weit hinter die der Mittelmeervölker zurück. So beschwerte sich Francisco de Eraso, ein gesandter Philipps II., im 16. Jahrhundert, nachdem er auf einem Handelsschiff von Stralsund nach Kalmar gefahren war, daß man während des gesamten Törns nicht nach Karte und Kompaß, sondern nur mit dem Lot navigiert habe.

Doch je mächtiger die Hanse wurde, desto mehr Wert legte sie auf sichere Schiffahrt. Dazu gehörte nicht nur die Sicherung der Handelswege gegen Piraten, sondern auch der Bau von Leuchttürmen. 1222 bauten Lübecker Kaufleute als erstes Leuchtfeuer an der Ostsee in Falsterboe an der südlichen Einfahrt zum Øresund einen Turm, auf dem ein offenes Feuer brannte. Vier Jahre später folgte der Turm von Travemünde, der noch heute steht. Er ist der älteste Leuchtturm auf deutschem Boden, aber heute nicht mehr in Betrieb. Weitere Leuchtfeuer folgten 1286 auf Neuwerk, 1266 auf der Insel Lieps und 1306 auf Hiddensee.

Leuchtturm Borkum

Borkum. Der alte Leuchtturm mit Gartenumzäunung aus Walfisch-Kinnladen.

Leuchtturm Norderney

Wagemutige Bauwerke auf Kaps, Klippen und dem Meeresgrund

Mit zunehmender Bedeutung des Handels über See auch im Norden Europas wurde es wichtig, nicht nur die Küsten und Hafeneinfahrten zu sichern, sondern auch gefährliche vorgelagerte Klippen im Meer. Es verbanden sich oft abenteuerliche Geschichten mit dem Bau und Betrieb gerade dieser Leuchttürme.

Eines der berühmtesten Klippenbauwerke ist der Eddystone-Leuchtturm auf einer gleichnamigen gefährlichen Klippe rund 26 Kilometer südwestlich von Plymouth. Der Dichter Adalbert von Chamisso, der 1815 auf dem russischen Expeditionsschiff „Rurik“ mit zu einer dreijährigen Forschungsreise gestartet war, schrieb darüber in seinen Reiseerinnerungen:

Im Jahre 1755 entzündete die eigene Kerzenflamme den Leuchtturm von Eddystone.

„Der Rurik aber kämpfte gegen die Gewalt des Sturmes in einer finsteren Herbstnacht zwischen dem Leuchtturme Eddystone, der sein blendendes Licht auf die See warf; und der Küste von England, auf der zu scheitern er in Gefahr schwebte, gezwungen durch Umstände, viele Segel zu führen. Ihr kennt den Leuchtturm von Eddystone schon von euren längst verbrauchten Kinderbilderbüchern her; dieses schöne Werk der modernen Baukunst, das sich einem einzelnen im Kanal verlorenen Steine bis zu einer Höhe erhebt, die ihr vielleicht wißt und die nachzuschlagen ich mir nicht die Zeit nehmen will; ihr wißt, daß bei hohem Sturme der schäumende Kamm der Wellen bis zur Laterne herangespritzt wird; ihr merkt, daß alle Umstände sich hier vereinigen, einen Sturm recht schön zu machen, und ihr erwartet von mir eine recht dichterische Beschreibung. Meine Freunde, ich lag nach entleertem Magen stille, ganz stille in meiner Koje, mich um nichts in der Welt bekümmernd...“

Das Recht, auf dem scharf gezackten Felsen von Eddystone ein Leuchtfeuer zu betreiben, besaß Henry Winstanley. Er ließ zwischen 1696 und 1698 den ersten Leuchtturm aus Holz errichten. Dabei hatte er nicht nur gegen die Unbilden der See zu kämpfen. Während das englische Versorgungsschiff nicht am Felsen lag, kreuzte die Besatzung eines französischen Schiffes auf und nahm den Leuchtturm-Erbauer gefangen. Doch sie mußten ihn umgehend zurückbringen. König Ludwig XIV. befahl seine Freilassung mit den Worten: „Frankreich befindet sich im Krieg mit England, nicht mit der Humanität..."

Im November 1698 leuchtete von dem einfachen Holzturm aus elf Metern Höhe zum erstenmal ein Kerzenfeuer. Aber schon der erste Winter zeigte, daß Henry Winstanley die Gewalt der See unterschätzt hatte. Hohe Brecher zerschlugen die Scheiben der Laterne und löschten die Kerzen. Nach dieser Erfahrung ließ er im darauffolgenden Sommer den Turm verstärken und auf 37 Meter erhöhen. In der Laterne sorgten nun 60 Kerzen für helles Licht. Winstanleys Finanzierungsverfahren, von den Schiffen, die die umliegenden Häfen ansteuerten, Gebühren für den Betrieb des Leuchtturmes zu kassieren, schien sich also gelohnt zu haben.

Im November 1703 ließ sich Henry Winstanley zu dem Turm fahren, um seine Standfestigkeit zu prüfen - mit niederschmetterndem Ergebnis. Ausrechnet in dieser Zeit fegte ein Orkan über die Küste, der viele Opfer forderte. Unter ihnen waren auch Winstanley und seine drei Leuchtturm-Wärter. Der gesamte Turm war am nächsten Morgen spurlos verschwunden.

Bei stürmischem Wetter spritzte die See bis zur Höhe der Laterne am Eddystone-Leuchtturm.

Doch im Laufe der Jahre hatte man erkannt, wie wichtig eine Befeuerung dieser Fahrwasser ist und begann drei Jahre später mit dem Bau eines neuen Turmes. Auch diesmal war wieder ein Privatmann der Geldgeber, der Seidenhändler John Rudyerd aus London. Aufgrund der Erfahrungen mit dem ersten hölzernen Turm ließ er nun den unteren Teil des neuen, ebenfalls hölzernen Bauwerkes fast bis zur Hälfte der Turmhöhe aus massiven Eichenbalken bauen, die wie ein Faß mit Eisenreifen zusammengehalten wurden. Ab 1708 leuchtete wieder ein Licht für die Seeleute auf dem Eddystone-Felsen. 1755 brannte dieser Turm ab, die eigene Kerzenflamme hatte ihn entzündet.

Fünf Tage lang soll der Turm wie eine riesige Fackel im Meer gelodert haben. Die drei Leuchtturmwärter hatten sich auf dem Felsen in Sicherheit bringen können und wurden von einem Versorgungsschiff gerettet.

Der dritte Bauherr eines Turmes auf dem Eddystone-Felsen wartete nicht lange. Der Ingenieur John Smeaton begann 1757 mit den Arbeiten. Zuerst ließ er den Felsen bearbeiten, um mehr Halt für den Turm zu bekommen, dann wurde ein 20 Meter hohes Fundament aufgemauert. Darauf kam die eiserne Laterne. Rechtzeitig zur Wintersaison nahm der Turm am 16. Oktober 1759 seinen Betrieb auf. Er stand bis 1883 und war lange Zeit technisches Vorbild für alle anderen Klippenbauwerke. Auf ihn bezieht sich auch die Beschreibung Chamissos.

Und selbst zu jener Zeit hat man offensichtlich die Kerzenflammen trotz des höher gebauten Turmes noch immer nicht ausreichend gegen die Gewalt des Meeres schützen können. Der noch heute existierende Eddystone-Leuchtturm wurde am 18. Juni 1883 gezündet. Er mußte gebaut werden, weil das Fundament des alten Turmes unterspült war und damit seine Sicherheit gefährdete. Dieser neue Turm ist 40 Meter hoch und steht rund 40 Meter von seinem Vorgänger entfernt, dessen Sockel noch immer aus dem Meer ragt. Der jetzige Eddystone-Turm wurde immer wieder mit neuen technischen Geräten ausgestattet, inzwischen trägt er sogar eine Hubschrauber-Plattform, damit Wartungsteams leicht abgesetzt oder Schiffbrüchige, die sich auf den Felsen gerettet haben, geborgen werden können.

Am Leuchtturm von Bell Rock konnte nur bei Niedriegwasser gebaut werden. Die Bauarbeiter lebten in einer Bauhütte, die auf Pfählen neben der Leuchtturm-Baustelle stand.

Ein ähnliches Wagnis wie der Bau des Eddystone-Leuchtturmes war der Bau von Bell Rock vor der schottischen Ostküste. Dort war ein Riff, das fast ständig unter Wasser lag, lediglich bei Ebbe fiel es trocken. Nachdem Ende des 18. Jahrhunderts rund 70 Schiffe an dem Felsen gescheitert waren, beschloß man den Bau eines Leuchtturmes. Der Ingenieur Robert Stevenson aus Glasgow stand vor der schwierigen Aufgabe, auf dem 19 Kilometer vor der Küste liegenden Felsenriff nur bei Ebbe arbeiten zu können. Um keine Zeit mit An- und Abfahrten zur Baustelle zu verlieren, ließ er ein Transportschiff bauen sowie einen Fischkutter zum Feuerschiff umrüsten, und beide in der Nähe verankern. Auf beiden Schiffen konnten Bauarbeiter über-

Der Leuchtturm von Peuthlandfort vor der schottischen Küste wurde auf eine kleine Felseninsel gebaut.

nachten. Da die möglichen Arbeitszeiten bei völligem Niedrigwasser auf dem Riff nur kurz waren, ließ Stevenson auch nachts im Schein von Fackeln arbeiten. Im Sommer 1809 war der Turmschaft so hoch, daß er auch bei Flut nicht mehr überspült wurde. Nun wurde daneben eine Bauhütte auf Pfählen errichtet, in die die Bauarbeiter umziehen konnten. Mit einer Art Hängebrücke war die Bauhütte mit der Baustelle verbunden. Im Februar 1811 nahm der Leuchtturm seinen Betrieb auf. Er ist heute der älteste noch in Betrieb befindliche Felsenriff-Leuchtturm der Welt. In den 50er Jahren brannte es auch auf diesem Turm, der Brand entstand aber nicht durch die Laterne, sondern in der Küche.

Ständiger Kampf gegen die Elemente machte die Symbolhaftigkeit der Leuchttürme immer deutlicher. Die Seezeichen wurden zu Wahrzeichen und geradezu romantisch verklärt.

Der Leuchtturm Roter Sand wurde zu einem Wahrzeichen in der Wesermündung.

Besonders dem Leuchtturm Roter Sand in der Wesermündung erging es so. Er begeisterte die Menschen des ausgehenden 19. Jahrhunderts wegen des technischen Fortschrittes, der Faszination dessen, was mit Ingenieurleistung möglich wurde. Er wurde so sehr zum Symbol, daß er auf Postkarten erschien, auf Briefmarken, sogar auf Briefbögen von Firmen, die überhaupt nichts mit Schiffahrt zu tun hatten. Das Bild von Roter Sand wurde zum Zeichen für Beständigkeit und Zuverlässigkeit.

Der Schriftsteller und Asienforscher Sven Hedin beschreibt in seinem Buch „Von Pol zu Pol" (erschienen 1911) euphorisch: „Unwillkürlich fesselt uns ein großes Bild. Es stellt eine ganze Flotille kleinerer Schiffe dar, die in die Nordsee hinausdampfen und eine riesengroße eiserne Trommel bugsieren. Sie kommen aus Bremerhaven an der Wesermündung und halten fünfzig Kilometer davon an einer Stelle, wo die Tiefe nur sieben Meter beträgt. Einige Ventile werden geöffnet, so daß sich die Trommel mit Wasser füllt und sinkt. Taucher umgeben sie mit Beton, und so schafft man mitten im

Meer eine Klippe, ein Inselchen, auf dem man dann einen Leuchtturm errichtet, der den Schiffen den Weg nach Bremerhaven zeigt." Technisch stimmt das nicht ganz. Hedin hatte ein Bild des Malers Heinrich Hellhof im Berliner Museum für Meereskunde gesehen und den Bau danach beschrie-

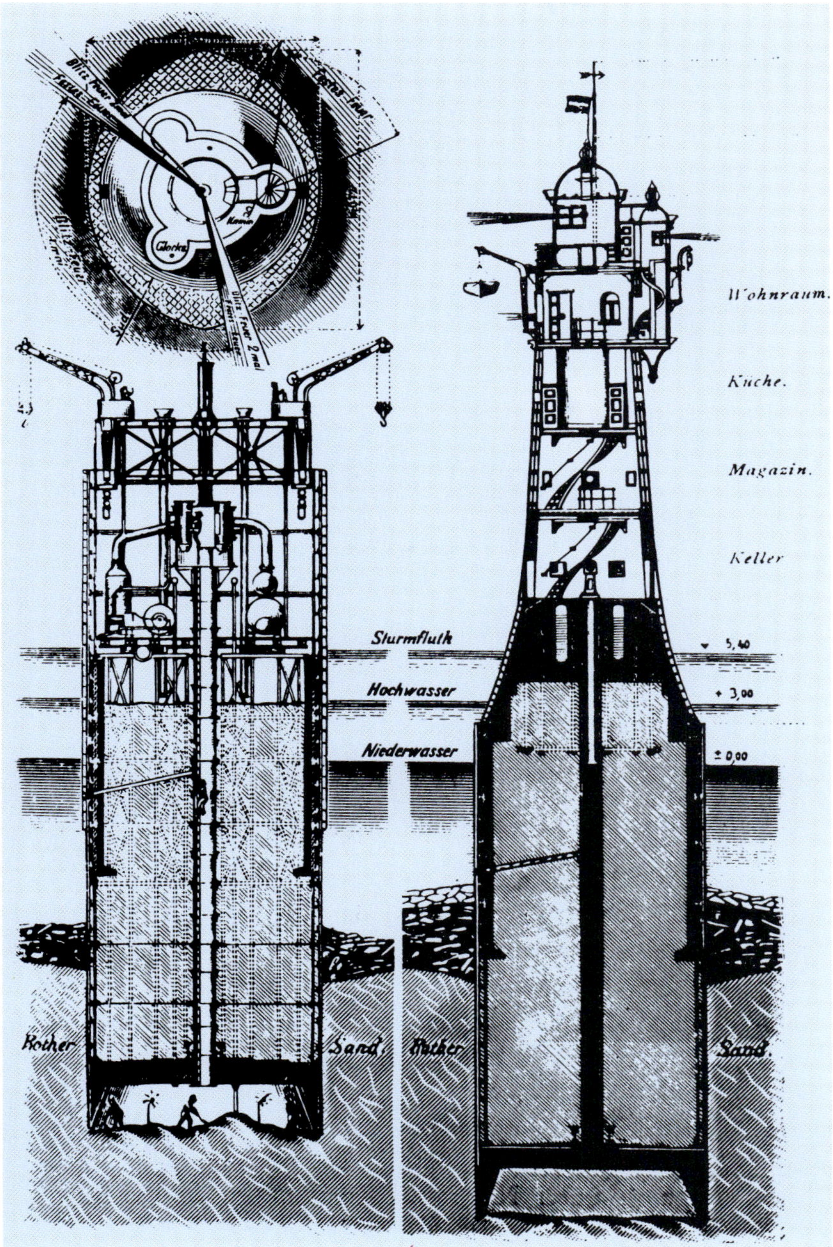

Während das Gewicht des Caissons das Fundament des späteren Leuchtturmes Roter Sand immer tiefer in den Meeresboden drückte, schaufelten Arbeiter unten den Sand heraus.

Roter Sand heute.

ben. Man war so stolz auf die neu gewonnene Seegeltung Deutschlands, die der Turm ebenfalls ausdrückte, daß den deutschen Pavillon auf der Weltausstellung in Paris 1900 ein Modell von Roter Sand schmückte. 46 Meter hoch war die Nachbildung, rund 16 Meter höher als das Original bei Normal Null bis zum Turmknauf mißt.

Ursprünglich hatte man in der Wesermündung ein Feuerschiff auslegen wollen. Doch bei den schwierigen Strömungsverhältnissen und dem zeitweise starken Seegang fürchtete man, es könne nicht auf seiner Position gehalten werden. So entstand die Idee, einen Leuchtturm auf den Roten Sand zu setzen. Auf einer Werft in Bremerhaven wurde ein Senkkasten, ein sogenannter Caisson gebaut, den man in die Wesermündung schleppte. Dort wollte man ihn absenken, und Arbeiter sollten im Innern der Röhre den Sand herausschaufeln, wodurch der Caisson immer tiefer rutschen sollte. Doch dazu kam es nicht. Im Oktober 1881 zerschlugen starke Seen den bereits herabgelassenen Kasten.

Erst im Mai 1883 konnte man einen neuen Caisson in die Wesermündung schleppen. Für die Arbeiter begann nun der schwierigste Teil. Im Innern des Eisenrohres mußte ein starker Luftdruck aufgebaut werden, damit kein Wasser und kein Sand eindrang.

Unter diesem hohen Luftdruck und der starken Wärme, die von Dampfmaschinen abgestrahlt wurde, mußten sie den Sand herausschaffen, bis der Turm auf die vorgesehene Tiefe abgesenkt war. Zugleich wurde oben der Turm schon langsam aufgebaut, damit das Gewicht größer wurde, den Caisson tiefer in den Boden drückte und damit die Oberkante immer ausreichend weit über dem Wasserspiegel blieb. Die bereits fertiggestellten Stockwerke dienten als Unterkünfte für die Bauarbeiter.

Zu der technischen Leistung schrieb damals Koehlers Flottenkalender: „Von größter Wichtigkeit dabei ist, daß der Caisson gleichmäßig senkrecht abgetrieben wird, da durch die geringste Neigung oder Schiefstellung, zu der Strömung und Wellengang drängen, alle Berechnung zuschanden wird." Als der Bau glücklich vollendet war, machte der Baumeister Körte deshalb auch die buchstäblichen drei Kreuze in sein Bautagebuch.

Am 25. Oktober 1885 meldeten die Nachrichten für Seefahrer: „Die Feuer auf dem an der Westseite des Rothen Sandes in der Wesermündung erbauten eisernen Leuchtturmes sollen am 1. November dieses Jahres angezündet werden und von diesem Tage an regelmäßig von Sonnenuntergang bis Sonnenaufgang brennen."

Es brannte bis 1984, dann hatte sich das Fahrwasser der Weser so weit verschoben, daß mit Alte Weser ein neuer Leuchtturm im Wasser seine Aufgaben übernahm. Eigentlich sollte Roter Sand dem Verfall überlassen werden. Aber es gründete sich ein Verein zur Erhaltung dieses einzigartigen Denkmals. Inzwischen ist der Turm wieder so weit hergestellt, daß Tagesbesucher ihm von Bremerhaven aus mit einem historischen Schlepper einen Besuch abstatten können. Und in Zukunft wird man sich sogar in die Zeit der früheren Leuchtturmwärter mit ihrer Einsamkeit versetzen können. Denn sogar Übernachtungen für Besucher sollen wieder möglich werden.

Leuchttürme mit Schraubpfählen

Dieses alte Leuchtfeuer wurde im Hafen von Baltimore wieder aufgebaut.

In flachen Gewässern ohne starken Seegang baute man mit einer weniger aufwendigen Methode Leuchtfeuer auf den Meeresgrund. Der Ingenieur Alexander Mitchell schraubte 1838 in der Themse-Mündung erstmals neun schmiedeeiserne Pfeiler, die am Ende ein Gewinde trugen, in den Boden

Im Cheasapeak Bay Maritime Museum steht dieses Pfahlleuchtfeuer im Mittelpunkt der Sammlung.

und setzte darauf eine Plattform. Das war weit einfacher, als Senkkästen zu bauen oder eine künstliche Insel aufzuschütten. Die pragmatisch denkenden Amerikaner übernahmen diese Art von Leuchfeuern besonders für die Cheasapeake-Bay an der Ostküste. Dort wurden auf die Plattformen richtige kleine Wohnungen für die Leuchtturmwärter gesetzt. Mittlerweile sind viele dieser Türme durch modernere Feuer ersetzt.

Da sie aber so unverwechselbar zum Bild der Bucht gehörten, wie die Amerikaner das Gewässer kurz nennen, wurden sie abgebaut und in Museen wieder aufgestellt. Im Cheasapeake Maritime Museum in St. Michaels, Maryland, ist der einstige Turm von Hooper Strait heute Mittelpunkt der Sammlung und kann besichtigt werden. Ebenso erging es dem Drum Point Lighthouse - es steht heute im Calvert Marine Museum in Maryland. In Baltimore setzte man den ehemaligen Turm von Seven Foot

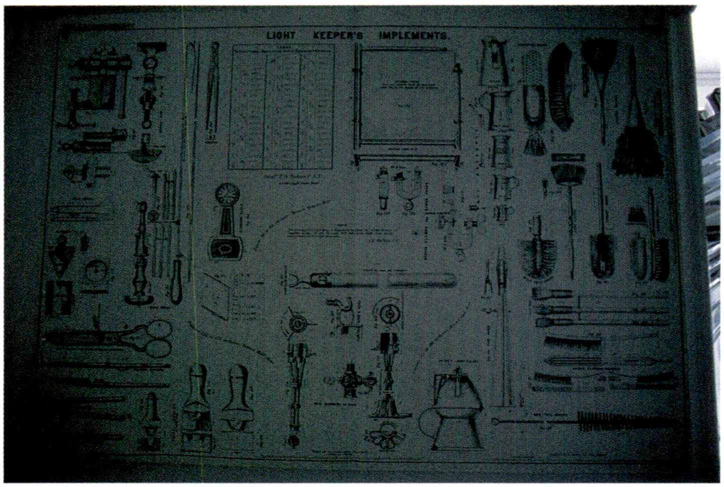

Im Küchenraum ist das Gewicht zu sehen, das die Laterne früher einmal in Drehung versetzte.

Die Tafel zeigt, was alles zum Handwerkszeug eines Leuchtturmwärters gehörte.

Knoll auf die Kaianlagen in Citynähe, wo er ebenfalls mit Ausstellungsstücken aus der Geschichte bestückt wurde. Aber auch in anderen Regionen, die von der englischen Seefahrt beeinflußt wurden, finden sich solche Pfahlleuchttürme – so beispielsweise vor Auckland Harbour in Neuseeland.

So wurden die Pfähle in den Boden geschraubt.

Rechts:
Man kann bis zur Laterne mit der Gürteloptik hinaufklettern.

Ein kleiner Kanonenofen sorgte im Dienstraum für Wärme.

Nordseebad Cuxhaven. Leuchtturm und Telegraphengebäude bei Sturmflut. Rechts oben: Der Leuchtturm heute.

Leuchtturm auf Fehmarn.

Helgoland. Leuchtturm heute und früher.

Staberhuck auf Fehmarn.

Große Leuchtkraft und physikalische Erkenntnisse

Leuchttürme sind zwar die ältesten verkehrsregelnden Zeichen der Welt, doch trotzdem waren sie zu ihrer Zeit bis heute immer auf der Höhe der Technik. Stets wurden neueste technische und physikalische Erkenntnisse ausgenutzt, um die Leuchtfeuer zu verbessern. Das zeigt, wie wichtig zu allen Zeiten die Frage der Sicherheit auf See genommen wurde. Jahrhundertelang blieben nur Experimente mit unterschiedlichen Brennmaterialien, um die Leuchtkraft der Feuer zu erhöhen. Denn optische Systeme zur Bündelung des Lichtes standen noch nicht zur Verfügung. Holzfeuer wurden durch die heller brennenden Steinkohlenfeuer ersetzt. Doch alle diese offenen Feuer hatten je nach Wind unterschiedlich helle und noch dazu unregelmäßig flackernde Lichter. Um den Wind auszuschalten, baute man glasgeschützte Laternen, in denen Kerzen oder Öllampen brannten. Für die Öllampen verwendete man in Fischereihäfen Tran als Brennmaterial, der dort in ausreichender Menge zur Verfügung stand. Doch das Öl aus den offenen Lampen verrußte die Scheiben und verringerte damit die Reichweite des Lichtes. Erst als man richtige regulierbare Brenner hatte, wurde Öl zu einem häufig benutzten Brennstoff auf Leuchttürmen.

Die Erfindung von Antoine Lavoisier mit einer Lichtquelle in einem parabolischen Reflektor ermöglichte die ersten Scheinwerfer.

Auf den Scilly-Inseln baute man ein Leuchtfeuer, bei dem aufgestellte, nach oben offene Scheiben die Wucht des Windes an dieser ständig windigen Ecke abhalten sollten. Zwar gab es schon im 17. Jahrhundert Scheinwerfer mit Spiegeln aus poliertem Zinn oder Messing, doch erst die physikalischen Erkenntnisse über die Ausbreitung des Lichtes brachten wesentliche Fortschritte in der Reichweite der Leuchtfeuer. Denn Licht breitet sich nach allen Seiten aus, für Leuchtfeuer

Der Physiker Augustin Jean Fresnel entwickelte eine Linse, die das Licht einer einzigen Quelle stark bündeln konnte. Diese ist im Leuchtturm Roter Sand. Die farbigen Scheiben an den Fenstern des Laternenhauses markieren die einzelnen Sektoren des Leuchtfeuers.

aber muß es gebündelt und in eine Richtung gelenkt werden, da sonst ein großer Teil der Lichtenergie verlorengeht.

Die physikalischen Voraussetzungen zur besseren Ausbeute des Lichtes erforschte eine Reihe berühmter Wissenschaftler. Der deutsche Astronom Johannes Kepler untersuchte 1604 den Durchgang von Lichtstrahlen durch brechende Medien und entdeckte 1611 die Totalreflexion.

Der niederländische Mathematiker und Physiker Willebrord von Snel van Royen, im Stil seiner Zeit lateinisiert auch Willebrordus Snellius genannt, fand 1621 das nach ihm benannte Snellsche Brechungsgesetz, wonach das Verhältnis Sinus des Einfallswinkels zu Sinus des Brechungswinkels konstant ist.

Ein Mitentdecker der optischen Brechungsgesetze ist das französische Genie René Descartes, auch Cartesius genannt. Der englische Physiker, Mathematiker und Astronom Sir Isaac Newton schrieb 1704 ein umfassen-

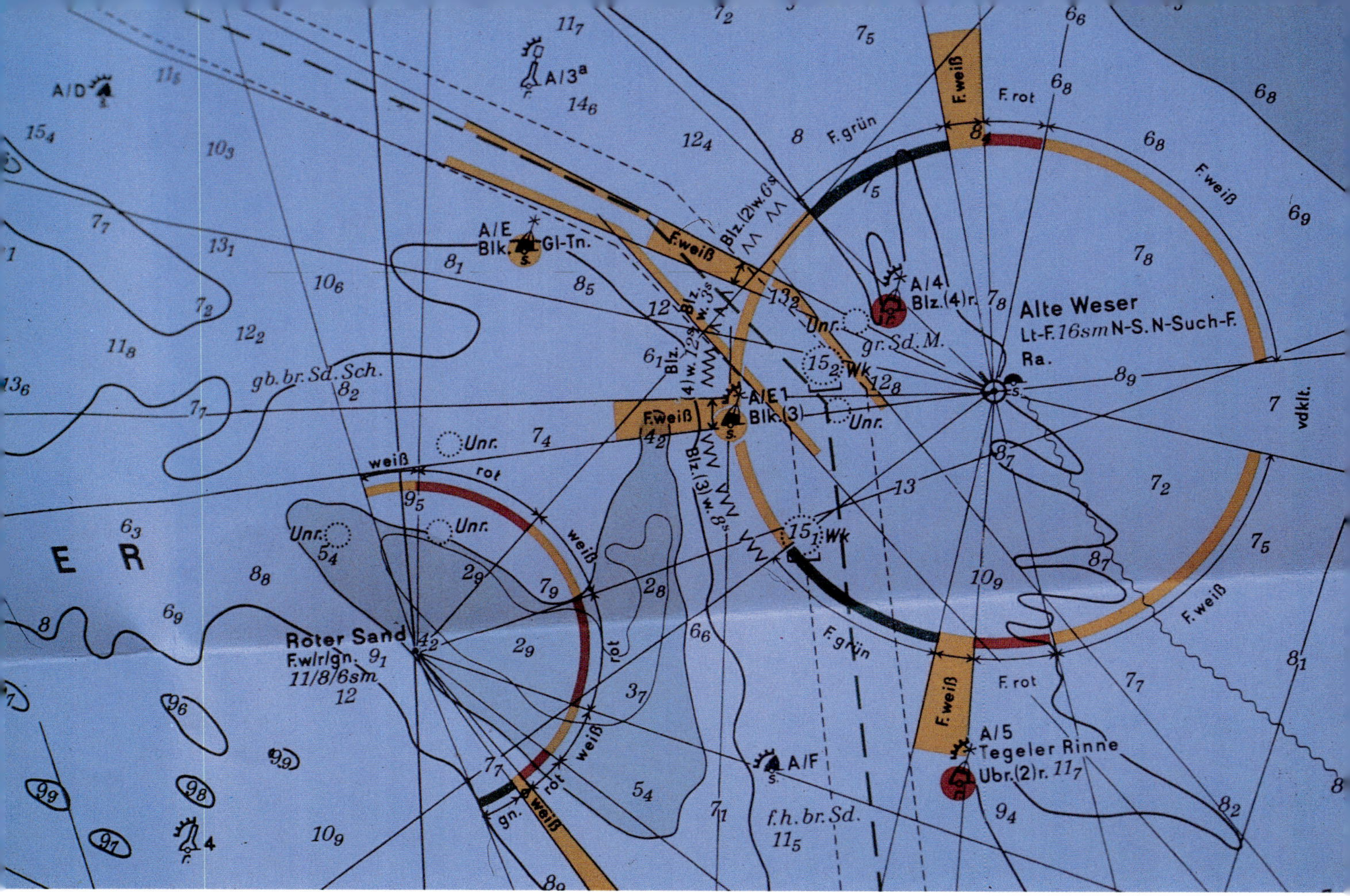

Die Sektoren des Leuchtturmes Roter Sand in der Seekarte.

des Werk über die Optik. Doch es dauerte noch eine Weile, bis man in der Lage war, die neu gewonnenen wissenschaftlichen Erkenntnisse technisch umzusetzen und für den Leuchtturmbau nutzbar zu machen. So hatten schon die Griechen in der Antike erfahren, daß man Sonnenstrahlen mit Hohlspiegeln bündeln kann. Angeblich haben sie damit sogar Schiffe in Brand gesetzt. Doch Versuche, auch künstliches Licht mit ihnen zu verstärken, also sogenannte Scheinwerfer zu bauen, gab es erst um 1700.

Schon 1763 soll allerdings zum erstenmal auf einem Leuchtturm bei Liverpool ein Hohlspiegel verwendet worden sein, um das Licht zu bündeln.

Da man zu dieser Zeit noch keine Spiegel in Hohlform herstellen konnte, wurden einzelne, ebene Spiegel in einer Hohlform zusammengeklebt. Erst 1765 wies der Franzose Antoine Laurent Lavoisier nach, daß eine

Lichtquelle in einem parabolischen Reflektor genau in seinem Brennpunkt angebracht sein muß, damit alle von dieser Lichtquelle ausgehenden Strahlen in eine bestimmte Richtung reflektiert werden. Damit war die physikalische Grundlage für alle modernen Scheinwerfer gefunden.

Bei Leuchttürmen setzte man diese Technik sofort ein, indem man ab 1782 die von dem Schweizer Aimeé Argand erfundenen hellen Öllampen in die Brennpunkte setzte und so hohe Reichweiten des Lichtes erzielte. Die Kombination von Lichtquelle und Parabolspiegel hieß Reverbere. Meist reichte es jedoch nicht aus, eine einzige Reverbere auf einem Turm anzubringen, es mußte ein ganzer Kranz dieser Scheinwerferkombinationen aufgestellt werden.

Der erste deutsche Turm, der mit einer solchen Reverbere ausgerüstet worden war, war der Turm in Memel im Jahre 1796, es folgten weitere Türme bis zur Mitte des 18. Jahrhunderts. Diese kreisförmig angebrachten Lampen wurden in Drehung versetzt und gaben so Blinkfeuer. In jener Zeit erhielten Leuchttürme zum ersten Mal ihr charakteristisches Aussehen mit den geschlossenen Laternenhäusern anstelle der Plattformen, auf denen offene Feuer brannten.

Für die Drehenergie sorgten Gewichte, ähnlich wie in einer Uhr, die von den Leuchtturmwärtern immer wieder aufgezogen werden mußten. An-

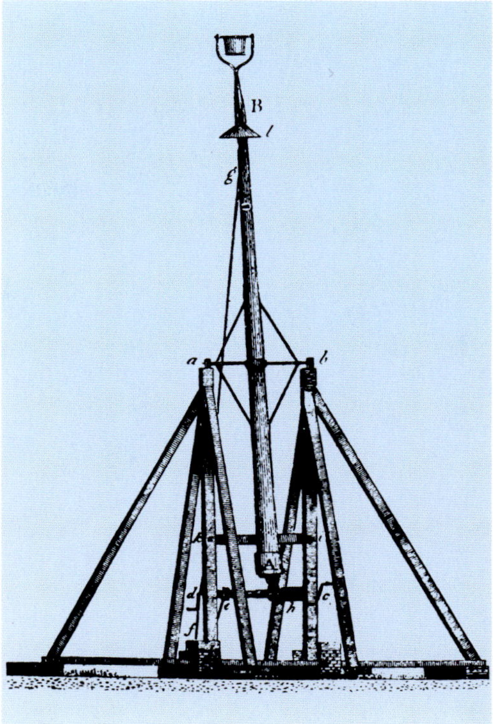

Wippfeuer und Blüsen waren aus Holz gebaut und ermöglichten größere Feuerhöhen.
Oben Wippfeuer, auf der folgenden Seite eine alte Blüse.

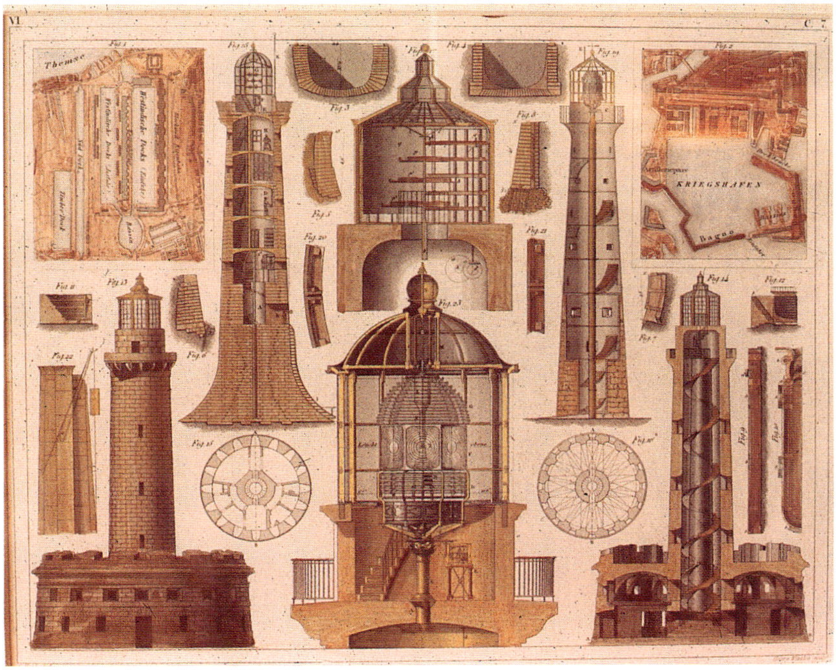

Aus Stein aufgemauerte Leuchttürme waren komplizierte Konstruktionen.

fangs bezog man die Mechanik für diese Apparate noch vorzugsweise aus England, doch schon bald baute der Hamburger Mechaniker Johann Georg Repsold sie besser und billiger nach.

Mit der Kombination mehrerer Scheinwerfer erreichte man in jener Zeit Reichweiten bis 17 Seemeilen.

Es gab mehrere Versuche, die Reichweiten des Lichtes mit den vorhandenen Mitteln zu erhöhen, indem man mehrere Scheinwerfer oder mehrere Brenner miteinander kombinierte. Doch den entscheidenden Durchbruch brachte erst die Erfindung des französischen Physikers Augustin Jean Fresnel. Er hatte zahlreiche Experimente zur Interferenz des Lichtes durchgeführt und eine Arbeit über optische Effekte geschrieben, die später für die Entwicklung der Relativitätstheorie von Bedeutung war. Auf dem Gebiet der Optik entwarf er eine Gürtellinse mit großer Öffnung, die aus einer Vielzahl von Linsenkörpern bestand und das Licht einer einzigen Lichtquelle stark bündeln konnte.

Auf der Mole von Danzig-Neufahrwasser stand der erste deutsche Leuchtturm aus Eisen.

Damit war ein entscheidender Nachteil behoben: Die einzelnen Reflektoren der Parabollampen hatten noch, selbst wenn sie so nahe wie möglich zusammengerückt wurden, in einem stumpfen Winkel zueinander gestanden. Außerdem entstanden so mehrere Lichtbündel nebeneinander, die sich immer stärker auseinanderfächerten, je weiter man sich vom Leuchtturm entfernte. Anstelle der vielen, bis zu 30 Parabol-Lampen nebeneinander, war mit der Fresnellinse nur noch eine einzige Lichtquelle nötig, deren Licht von vielen Linsenkörpern gebündelt wurde. Solche Linsen werden noch heute in Leuchttürme und auch in Positionslampen eingebaut. In Deutschland waren die Leuchttürme von Brüsterort im Jahre 1846 und Darßerort zwei Jahre später die ersten, die solche Optiken erhielten.

Frankreich hatte ein Monopol auf die Herstellung solcher Linsen, es mußte nach dem Krieg von 1870/71 sogar welche als Reparationen nach Deutschland liefern. Frankreich legte auch als eine Art Norm ein Ordnungsprinzip für diese Linsen fest, das von anderen Ländern übernommen worden ist. Die Ordnungsziffern gelten für Linsen mit Brennweiten von 920 bis 155 Millimeter.

Die Franzosen waren es auch, die die technischen Möglichkeiten für den Umlauf der Lampen verbesserten. In der Frühzeit der Drehapparate hatte eine Umdrehung noch zwölf Minuten gedauert. 1890 erreichte man Umdrehungszeiten von 20 Sekunden. Eine lange Umlaufzeit erschwert die Erkennung eines Feuers, die Beschleunigung diente also der Sicherheit. Je mehr Leuchtfeuer an den Küsten in Betrieb genommen wurden, desto wichtiger war es, ihnen unterschiedliche Kennungen zu geben, damit sie vom Wasser aus eindeutig identifiziert werden konnten. 1876 erfand der Schwede von Ottern die nach ihm benannte Otternblende. Es handelte sich um Jalousieklappen, die auf- und zugeklappt werden konnten und so kurze Lichterscheinungen ermöglichten.

Die Leuchttürme von Hörnum (S. 36), Pellworm (links) und Westerhever (S. 37) sind alle aus derselben Eisenform gegossen und unterscheiden sich nur geringfügig.

**Eiserne Gittertürme konnten auch dort gebaut werden, wo der Marschboden schwere Konstruktionen nicht tragen konnte.
Die Abbildungen zeigen die Türme von Campen an der Nordsee (links) und Sandstedt an der Weser.**

Die Energieversorgung der Türme war über lange Zeit ein Problem. 1858 wurde der erste elektrische Leuchtturm in Betrieb genommen, es war das englische Leuchtfeuer South Foreland. Elektrizität erleichterte die Wartungsarbeiten für die Bedienungsmannschaften. Und sie brachte eine wesentlich höhere Lichtausbeute. Das stellte man 1865 fest, als das französi-

sche Leuchtfeuer Cap de la Here mit elektrischem Strom betrieben wurde. Es war nun neunmal stärker als die alte Öllampe.

Doch bis zu den elektrischen Türmen war es ein weiter Weg. Nach den offenen Feuern hatte man offene Ölbrenner verwendet. Dafür verwendete man oft sogenanntes Rüböl, also ein pflanzliches Produkt.

Wesentlich weniger Wartung war dann für die sogenannten Pintsch-Türme erforderlich. Der Berliner Ingenieur Julius Pintsch verflüssigte und komprimierte Öl- und Fettgas, das er aus tierischen oder pflanzlichen Ölen gewann. Damit konnten die Leuchttürme monatelang ohne Wartung betrieben werden. Auch andere Gase, die sich in großen Flaschen transportieren ließen, wurden für die Beleuchtung von Seezeichen verwendet.

1970 wurde in Tallinn sogar ein Leuchtturm in Betrieb genommen, der mit Kernkraft gespeist wird.

Aber nicht nur das Innenleben der Wegweiser wandelte sich, auch für die Bauwerke selbst dachten Architekten sich immer wieder Neues aus und verwendeten die jeweils zeitgemäßen Baustoffe. Im 15. und 16. Jahrhundert baute man dort, wo Steine knapp waren, wie an den nordeuropäischen Marschenküsten, bevorzugt die bereits erwähnten Wippfeuer und Blüsen. In dem 1781 in Hamburg erschienenen Buch „Vom Strandrechte“ ist eine detaillierte Zeichnung der Kohlenblüse von Neuwerk erhalten. Nach dieser Zeichnung wurde eine solche Blüse nachgebildet und im Schiffahrtsmuseum Bremerhaven aufgestellt. Etwa alle zehn Jahre waren die hölzernen Gestelle so verwittert, daß eine neue Blüse gebaut werden mußte. Lange Zeit blieben Holz und Steine die einzige Möglichkeit, solche Bauwerke zu errichten. Ab Mitte des 19. Jahrhunderts setzte sich im Schiffbau immer mehr die Verarbeitung von Eisen durch, und Ingenieure nutzten dieses Verfahren auch für den Bau von Leuchttürmen. Der erste eiserne Leuchtturm auf deutschem Boden stand ab 1843 auf der Mole von Neufahrwasser.

Die Bauweise aus Gußeisen hatte Vorteile: Man konnte die Gußformen immer wieder verwenden und so Leuchttürme in Serie kostengünstig herstellen. Das machte man Anfang des Jahrhunderts beispielsweise bei den drei Türmen von Hörnum, Pellworm und Westerhever an der Nordseeküste. Alle drei unterscheiden sich nur geringfügig in der Höhe.

Doch die Baumeister hatten Probleme, diese Eisentürme in die weichen Marschböden an der Küste zu setzen. Denn sie waren sehr schwer und brauchten aufwendige Fundamente. Deshalb baute man in solchen Fällen oft auch Gittertürme, die wesentlich leichter und trotzdem stabil waren. Größtes Beispiel für einen solchen Turm ist Campen an der Unterems. In Serie wurden solche Türme als Richtfeuer auch an der Weser aufgestellt.

Aber auch an Land machte die aggressive Seeluft den Baumeistern zu schaffen. Die Türme mußten aus haltbaren Materialien und trotzdem kostengünstig gebaut werden. Deshalb errichtet man in jüngster Zeit auch Türme aus Betonröhren, aus Aluminium und sogar aus glasfaserverstärktem Kunststoff.

Deutschlands südlichster Leuchtturm

Der Leuchtturm von Lindau am Bodensee ist in jeder Hinsicht außergewöhnlich. Mit seiner Position 47° 31' N, 9°41'O ist er der südlichste Leuchtturm Deutschlands. Nimmt man, wie in Seekarten üblich, NormalNull als Bezugspunkt, so erreicht der eigentlich nur 35 Meter hohe Turm eine Feuerhöhe von 428 Metern und ist damit das höchste deutsche Leuchtfeuer. Außerdem wird dieser Leuchtturm nicht von der Seezeichenverwaltung, sondern von der Bahn AG, früher von der Bundesbahn, unterhalten. Das außergewöhnliche Leuchtfeuer von Lindau wurde ab 1853 gebaut und am 4. Oktober 1856 gezündet. Als Leuchteinrichtung erhielt der Turm zwei drehbare Parabol-Scheinwerfer mit einem Blinkfeuer. Zunächst brannte ein Ölfeuer, 1936 wurde er elektrisiert. Bis Anfang der 90er Jahre gab es noch einen Leuchtturmwärter mit dem Titel Bundesbahn-Hafenmeister. Heute wird das Feuer über Funk von den Bodenseeschiffen aus eingeschaltet: Manchmal um die Ansteuerung in den Hafen zu erleichtern, öfter aber als Attraktion für die Fahrgäste.

Charme mit Rost:

Alter, vernachlässigter Leuchtturm in Puerto Plata in der Dominikanischen Republik

Der Gitterturm an der Hafeneinfahrt von Puerto Plata in der Dominikanischen Republik ist stark vernachlässigt worden. Treppenstufen, Verstrebungen und das Laternendach sind verrostet, und das Glas der Laterne ist gesprungen. Trotzdem hat der Turm noch immer seinen Charme, der gut zu dem kleinen tropischen Hafen paßt. Sicher ist der Turm auch heute noch erhaltenswert.

Leuchtturm auf Fuerteventura

Fuerteventura, eine der Kanarischen Inseln, ist ein Stück Europa vor der afrikanischen Küste. Am Südende der Insel, bei Morro Jable, steht seit 1865 der 19 Meter hohe Leuchtturm „Punta Jandia". Da er auf einer Klippe steht, erreicht er eine Feuerhöhe von 32 Metern. Seine Energie bezieht der Leuchtturm aus Solarkollektoren.

Gibraltar. Europapoint.

Höheweg-Leuchtturm.
B
H

Leuchtturm auf Hiddensee

Leuchtturm Kap Arkona auf Rügen

Leuchtturmwärter – ein Beruf für ordnungsliebende Menschen

Der mächtige Turm von Neuwerk in der Elbmündung einst (Nebenseite) und jetzt. Die Aufgaben für die Turmbesatzung waren genau geregelt.

Nicht nur die Bauwerke, auch deren Betreiber, die Leuchtturmwärter, wurden zu Symbolen. Sie standen für markante Gestalten, die in der Einsamkeit eines entlegenen Küstenabschnittes oder auf einem einsamen Turm mitten in der See ihren Sicherheitsdienst versahen. Manchmal galten sie als Son-

derlinge. Der Psychologe Carl Gustav Jung bildet in seinem Buch „Der Mensch und seine Symbole“ eine Zeichnung des amerikanischen Karikaturisten Roland B. Wilson ab. Da sitzt ein Leuchtturmwärter allein vor seinem Lampenhaus. Ihm gegenüber ein leerer Lehnstuhl. Und zu ihm gewandt meint der Leuchtturmwärter: „Nicht bloß das Bill - gestern habe ich mich schon dabei erwischt, daß ich Selbstgespräche führte...“

Der Leuchtturmwärter also auch als Symbol für die Einsamkeit des Menschen und sein Bedürfnis nach Kontakt und Kommunikation. Die ersten Leuchtturmwärter waren tatsächlich oft Einsiedler oder Mönche, die ihren Dienst als gottgefälliges Werk betrachteten. Die Seeleute, die draußen auf See von ihrem Licht geleitet wurden, werden es ebenso gesehen haben...

Die frühen Feuer brannten nur selten auf Türmen, sondern wie bereits erwähnt, meist auf Holzgerüsten, sogenannten Blüsen. Die verantwortlichen Blüsenmeister und ihre Helfer hatten jede Nacht Schwerarbeit zu leisten. Am besten eignete sich zum Verbrennen in den offenen Feuern schottische Steinkohle, die einen hohen Bitumengehalt hatte. Bei Windstille benötigte man 400 Kilo, bei mäßigem Wind 500 Kilo und in Sturmnächten bis 750 Kilo Steinkohle pro Nacht. Die Blüsenmeister hatten mit ihren Feuerknechten dieses Brennmaterial Nacht für Nacht auf die Plattform zu schleppen. Sie mußten das Feuer bewachen, sie mußten es anblasen, wenn wenig Wind war, und sie mußten die Asche abtransportieren. Das waren oft 16 Stunden harter Arbeit.

Und die wurde noch nicht einmal immer richtig anerkannt. 1824 beklagte sich der Blüsenmeister auf der Halbinsel Hela in der Nähe von Danzig, daß ihm in einer windstillen Nacht von einem Schiff auf See die Scheiben eingeschossen worden seien, weil dessen Kapitän seine schwach brennenden Flammen nicht gesehen hatte und meinte, den Blüsener an seine Pflicht erinnern zu müssen.

Die Aufgaben der Blüsenmeister waren oft genau festgelegt. Erhalten ist bis heute die Anweisung an Sebastian Rulle, den Vogt von Neuwerk, vom 24. Oktober 1572, dessen Pflichten in mehreren Punkten aufgezählt wurden. So heißt es unter Punkt vier in einer Sprache, die zu lesen mit einigen Plattdeutschkenntnissen sicherlich leichter fällt: „Tom Veerden schall Sebastian Rulle den Torn allewege vor ein Jahr mit aller nothrofftiger Vitallie, sonderlicken Behr, Brodt, Speeck, Soldt, Roggen, Moldt, und Fuhringe thorn Vorrade, up sine Bekostinge vorsorgen und darher verschaffen.“

Der Vogt wird also angewiesen, genügend Lebensmittel für ein Jahr einzulagern, wobei auch das Bier nicht vergessen worden ist. Für den Fall, daß der Vogt den Turm verlassen muß, wird außerdem festgelegt: „Schall ok Bastian Rulle vom Torne und Lande nicht afreisen, he hebbe den vorerst den Torn nah aller Nothrofft bestellet." Der Vogt durfte also die Insel Neuwerk nicht verlassen, bevor die Versorgung der zurückbleibenden Mannschaft nicht geregelt war. Nun war Neuwerk sicherlich ein Sonderfall, denn der Turm war nicht nur Sichtmarke für die Schiffahrt, sondern auch ein wichtiges Bollwerk gegen Piraten in der Elbmündung.

Leuchtturm Roter Sand und ein Leuchtturmwärter auf einem Sammelbild zu Beginn des 20. Jahrhunderts.

Doch die einsame Machtstellung auf der Insel Neuwerk in der Elbmündung führte auch Menschen in Versuchung. So erzählt man sich in Hamburg die Geschichte von dem Tuchhändler Bernd Beseke, einem jungen Mann voller Prunksucht. Als 1530 das Hamburger Maria-Magdalenen-Kloster aufgelöst wurde, hatte er etliche der Meßgewänder erstanden, um mit den kostbaren Applikationen seine Kleidung herauszuputzen. Ihm schien nur noch eines zu seinem Glück zu fehlen - ein einflußreicher Posten. Am liebsten als Ratsherr. Überall bot er ungefragt seinen Rat an, bei jedem Wahltag der Ratsherren trieb er sich in prächtiger Kleidung vor dem Rathaus herum, aber nie kam er auch nur in die engere Wahl. So wurde er immer verbitterter und schließlich zu einem Gegner der Senatoren. Und als das Amt des Vogtes auf dem Turm von Neuwerk frei wurde, schob man den lästigen Beseke dorthin ab. So zog er im Frühjahr 1535 mit seiner Familie auf die Insel in der Elbmündung. Aber in der Einsamkeit verbitterte er immer mehr. Eines Tages beschloß er, das Schiff eines Kaufmannes aus Stade zu überfallen, das wegen schlechten Wetters einige Tage vor der Insel lag. Den Eigentümer brachte Bernd Beseke eigenhändig um. So war der Wärter des Turmes zum Piraten geworden. Als die Hamburger ihn fingen, machten sie kurzen Prozeß und verurteilten ihn zum Tod durch das Schwert.

Die meisten Leuchtturmwärter waren in den ersten Jahren nicht hauptamtlich angestellt. So ist überliefert, daß einige Wärter für ihren Dienst lediglich freie Wohnung und ein kleines Stück Land bekamen, das sie bearbeiteten. In Cuxhaven betreute der Schulhalter im 18. Jahrhundert den „Leuchtenpfahl". Geld bekam er ebenfalls nicht dafür, daß er die Lampe ständig reinigte und sie jeden Abend zünden mußte. Aber er durfte die abgebrannten Kerzenstummel behalten...

So mußten Leuchtturmwärter früher regelmäßig die Glühstrümpfe der Gaslampen auswechseln.

Erst seit 1883, als die technischen Anforderungen immer höher wurden, stellte man Wärter als Beamte mit einem Gehalt ein, von dem sie leben konnten. Gefragt waren ausgesprochen ordnungsliebende Männer. Denn als die Lampen noch nicht elektrisch betrieben wurden, mußten sie nachts alle vier Stunden die Lampendochte beschneiden und die Spiegel und Lampengläser von Ruß und Kondenswasser reinigen.

Es gab in dieser Zeit sogar einen Leuchtturmwärter, der älter war, als der Turm, den er betreute: Johann Piklaps hieß er, war erfahrener Matrose gewesen, bis er die Betreuung des Unterfeuers Neufeld an der Elbe übernahm. Noch mit 89 Jahren war er im Dienst.

Nicht immer war die Besetzung mit Leuchtturmwärtern ganz unbürokratisch. So hatten sich für den 1875 fertiggestellten Amrumer Leuchtturm zwei Kapitäne und zwei Steuerleute von der Insel beworben. Doch sie hat-

AUTOFLUG

Übersetzen von Seezeichen-technikern auf den Leuchtturm Alte Weser.

Außen am Leuchtturm Alte Weser müssen die Techniker aufentern.

ten keine Chance, angestellt zu werden. Solche Stellen blieben bei den Preußen sogenannten Militär-Versorgungsanwärtern vorbehalten, also ehemaligen Militärangehörigen, die nun Versorgungsansprüche an den preußischen Staat hatten. Die Amrumer Bewerber aber waren bis zum deutsch-dänischen Krieg von 1864 dänische Bürger gewesen und hatten deshalb keinen preußischen Militärdienst geleistet. So wurde der Oberbootsmaat Kretsch als erster Leuchtturmwärter zur Insel Amrum versetzt. Neben ihm gab es noch zwei weitere Wärter.

Sie alle erhielten nur ein spärliches Gehalt, hatten aber Dienstland zur Verfügung, das sie landwirtschaftlich nutzen konnten. In Ställen durften sie ihr Vieh unterbringen und in ihren Dienstwohnungen wohnten sie kostenlos. Diese Wohnungen aber waren ohne großen Komfort. Denn schon bei der Planung war festgelegt worden: „In den Wohnungen wird Einfachheit anzustreben sein, da die Wärter in ihren Lebensverhältnissen keineswegs hohe Ansprüche gewöhnt sind, noch solche geleistet werden dürfen."

Auf dem Oberfeuer Groden (genannt die Schlanke Anna) an der Elbe versah nach dem Tod des Leuchtturmwärters im Jahre 1927 seine Ehefrau Emma Miethbauer bis ins Alter von 74 Jahren ihren Dienst. Der Spitzname ihres Leuchtturmes ging auf sie über. Man nannte auch sie die „schlanke Anna“. Zu ihrer Zeit war sie die einzige deutsche Leuchtturm-Wärterin. Zweimal täglich mußte sie die 171 Stufen der engen Wendeltreppe nach oben steigen, um dort nach dem Rechten zu sehen. Insgesamt hat sie das rund 35 000 mal gemacht.

Als die Leuchttürme immer bestaunenswertere Zeichen der Ingenieurkunst wurden, die wie beim Leuchtturm Roter Sand den Stolz einer ganzen Nation erfüllten, da wurde auch der Dienst der Männer, die dort oben ihren einsamen Dienst versahen, heroisiert. So schreibt Otto Trahndorff 1913 voller Begeisterung in Köhlers Flottenkalender:

„Droben aber, wo die Sonne in den Scheiben der Laterne funkelt, versieht die Besatzung, von aller Welt abgeschlossen, den Wachdienst Tag und Nacht. Wie mag es sein, in einer Sturmesnacht dort oben, wenn schwarze Wetterwolken, vom Winde gepeitscht, am Himmel dahinjagen, der Sturm heulend an dem Gitterwerk der Laterne rüttelt und die wildbewegte See den Gischt ihrer den Turm umklammernden Wogen bis zur Spitze emporschleudert, wenn der ganze Bau unter den Sturzwellen leise erzittert und das Lot die Schwankungen anzeigt, in welche der Sturm das Gebäude versetzt? Es gehören starke Nerven dazu, einen solchen Aufenthalt erträglich zu finden.

Die Wächter aber ruft die Pflicht, und die Obliegenheiten des Dienstes füllen ihre Zeit aus. Nach dem Leuchtfeuer, das sie allabendlich entzünden und unterhalten, und das Blitz auf Blitz hinaussendet in die Sturmesnacht, schaut der Seemann auf seinem mit den Wellen kämpfenden Fahrzeug suchend aus, und freudig grüßt er den zuckenden Schein; denn er weist ihm den Weg zum sicheren Hafen.“

Für die Besatzungen war der Dienst auf dem einsamen Turm weitab von jeder Kommunikation wirklich hart. Anfangs wurden sie nur alle halbe Jahre ausgewechselt. Dabei bauten sich zwischen ihnen in einem Fall so starke Spannungen auf, daß sie zum Schluß nur noch schriftlich miteinander verkehrten. Später wurde dann ein 14tägiger Wachrhythmus eingeführt. Aber bei Sturm und hoher See konnte das Versorgungsschiff mit der Ablösung nicht immer am Turm anlegen. Dann mußten die Männer in einer Hosenboje, wie sie früher auch zur Rettung Schiffbrüchiger eingesetzt wurde, an ihren Arbeitsplatz gehievt werden.

Die Leiter zur Tür vom Leuchtturm Roter Sand ist acht Meter hoch.

Am Leuchtturm Voslapp in der Wesermündung endete der Versuch, ein Frachtschiff zu kapern.

Viel Bewegung hatte die Besatzung auf dem Turm nicht. Nur die Treppen auf und ab, wenn Kohlen für den Herd geschleppt werden mußten oder im Lampenraum nach dem Rechten zu sehen war. Die Dusche war ein einfacher Eimer, bei Seeleuten Schlagpütz genannt, in den die Männer Löcher gemacht und einen Lappen gelegt hatten, damit das Wasser nicht zu schnell ablief. Jedesmal, wenn die ablösende Mannschaft zum Turm gebracht wurde, mußten auch 30 Zentner Kohlen und sechs Fässer Öl mit rübergeschafft werden. Mit den Kohlen wurde in der Kombüse gekocht, geheizt wurde der Turm mit einem Ölofen.

Doch trotz aller Entbehrungen erinnert sich der ehemalige Leuchtturmwärter Gerhard Ostermann gern an seine Dienstzeit auf dem Leuchtturm

Roter Sand: „Den Job dort draußen würde ich jederzeit wieder gern übernehmen.“ Ihm machte es nicht viel aus, daß man mit der Außenwelt nur über eine Telefonleitung zum Leuchtturm Hoheweg verbunden war und ein Radio erst 1952 installiert wurde. Neben den dienstlichen Aufgaben erinnert er sich gern daran, wie die Besatzung des Turmes auch Abwechslung hatte, etwa wenn sie sich bei Niedrigwasser um Heuler kümmerte und mit Handleinen Dorsche und Makrelen fing - eine Bereicherung des Speiseplanes, wenn der Koch Franz Grimmsmann sie zubereitet hatte.

Besuch bekamen die Wärter auf ihrem einsamen Posten in der Wesermündung selten. Gerhard Ostermann: „Einmal kam ein Paddelboot an. Ein Lehrer aus Bremervörde hatte sich von Bremerhaven aus auf den fast 50 Kilometer langen Weg gemacht und war völlig ausgepumpt am Roter Sand Turm angekommen. Von uns wollte er nur eine Bestätigung, daß er dagewesen sei und paddelte sofort wieder zurück.“

Trotz ihres teilweise einsamen Dienstes konnten Leuchtturmwärter durchaus schon einmal in einen Kriminalfall verwickelt werden. So erging es im Oktober 1922 dem Wärter des Leuchtturmes Voslapp in der Außenweser. Nachts hörte er plötzlich lautes Rufen und fand fünf Männer, die in einem kleinen Beiboot am Fuße des Leuchtturms saßen. Nach einem wärmenden Grog erzählten sie eine abenteuerliche Geschichte. Ihr Schoner „Bertha“ war von vier Männern geentert worden, als er bei Glückstadt vor Anker lag. Mit Revolvern in der Hand hatten sie Kapitän Knuth und seine Besatzung gezwungen, in Richtung Norwegen auszulaufen. Alle vier waren Kriminelle, die außer Landes flüchten und dabei noch ein Schiff samt Ladung für den Start in eine bessere Zukunft mitnehmen wollten. Ein Ruderboot hatte den Flußpiraten genügt. Doch ein Sturm trieb sie in der Elbmündung ab.

Steuermann Wessel, der anstelle des verletzten Kapitäns am Ruder stand, orientierte sich an den Leuchtfeuern, an denen sie vorbeikamen, Roter Sand..., Bremen-Feuerschiff... Irgendwie wollte er die Jademündung erreichen, in der Hoffnung, daß ein Zollboot sie aufbringen würde. Doch an der Mellum-Platte setzte Wessel das Schiff auf. Die seeungewohnten Verbrecher kletterten voller Angst in die Masten, die see-erfahrene Besatzung machte das einzige Beiboot klar und steuerte den Leuchtturm Voslapp an. Die Verbrecher waren gefangen. Sie wurden wenig später von einem alarmierten Torpedoboot völlig erschöpft in Sicherheit gebracht, während die Besatzung schon in Reservekojen der Leuchtturmwärter-Unterkunft schlief.

Noch vor wenigen Jahren gab es Männer, die ganz bewußt die Einsamkeit suchten, die dieser außergewöhnliche Beruf ihnen bot. Dazu gehörte

Travemünde – zwei Türme...

Rechts:
Die Einsamkeit auf dem Amrumer Leuchtturm zog in den 70er Jahren einen Einsiedler an, der von der Welt enttäuscht war.

Knud Knudsen, der letzte Amrumer Leuchtturmwärter. Er hatte seinen Posten Ende der siebziger Jahre angetreten, holte sich weder Radio noch Fernseher oder Zeitungen in seine Dienstwohnung, sondern lebte wie ein Einsiedler. Nach seiner Ehescheidung hatte er sich enttäuscht in die Einsamkeit des kleinen Hauses neben dem Leuchtturm zurückgezogen. „Viele Menschen würden hier vor lauter Langeweile umkommen, aber ich könnte ohne diese Stille gar nicht mehr leben", erzählte der 1,95 m große Knudsen den seltenen Besuchern. In einer Großstadt oder in einem fremden Land ist er nie gewesen: „Was soll ich denn da! Sonne und frische Luft, die habe ich hier doch viel besser. Von der endlosen Freiheit gar nicht zu reden." Doch die endlose Freiheit hatte irgendwann ein Ende. Der Turm wurde automatisiert und Knudsen mußte seine Dienstwohnung in der Einsamkeit verlassen.

Was für wortkarge Sonderlinge Leuchtturmwärter waren, davon berichtet auch eine Erzählung aus der Zeit kurz nach dem II. Weltkrieg. Damals gab es an Bord von Kriegsschiffen zwar schon Radar, die Geräte waren aber noch nicht so komfortabel wie heute. Eines Nachts entdeckte der Radaroffizier eines englischen Kriegsschiffs-Verbandes ein Radarsignal, das auf direktem Kollisionskurs des Verbandes lag. Der wachhabende Nautiker forderte den Störenfried über Funk auf, der Flottille des Weg freizugeben. Doch die Antwort war ungeheuerlich: „Behalte Position bei!" Der Kapitän des Schiffes wurde auf die Brücke gerufen, er wiederholte die Aufforderung des Verbandes und bekam die gleiche Antwort. So wurde der Admiral alarmiert. Von seinem Flaggschiff aus forderte er nun das Wegerecht für seinen Verband und setzte bekräftigend noch die Worte hinzu: „Sie sprechen mit einem britischen Admiral !"

Die Antwort war kurz:

„Behalte trotzdem meine Position bei. Sie sprechen mit einem Leuchtturmwärter."

In Wirklichkeit hat es diesen Dialog wohl niemals gegeben, er gehört in den Bereich der modernen Wandersagen, so wie die Spinne in der Jucca-Palme oder die Ratte in der Pizza. Doch trotzdem taucht diese Erzählung immer wieder auf. Zuletzt las der Verfasser dieses Buches sie auf der Titelseite einer großen Hamburger Tageszeitung. Danach solle sie sich auf einem amerikanischen Flugzeugträger abgespielt haben und gerade erst bekanntgeworden sein, weil die Akten bisher geheimgehalten waren und erst 50 Jahre nach dem Krieg geöffnet wurden. Doch schon zwei Jahre vor dieser Zeitungsmeldung stand die Story in einem anderen Buch über Leuchttürme vom Verfasser dieses Buches...

Ostseebad Warnemünde.
Rechts: Das Fährschiff „Schwerin“ läuft ein.

Leuchtturm Warnemünde

Leuchtturmsymbole zwischen Kitsch und Kunst

Schon als die ersten von ihnen in der Antike gebaut wurden, erkannten Menschen auch gleich deren tiefere Symbolik. Der Leuchtturm ist ein Licht der Hoffnung in der Dunkelheit, ein Ziel, dem Seefahrer zustreben, wenn sie nachts auf See sind. Ein Ziel, dem sie vertrauen und das für sie ein fester Bezugspunkt auf einer See ist, in der sich ansonsten alles bewegt und in der alles fließt.

Würde es dieses Licht nicht geben, dann liefe das Schiff Gefahr, an der dunklen Küste zu stranden. Ein so symbolhaftes Bauwerk faszinierte die Menschen. Besonders von den frühen Christen wurde es aufgenommen. Für diese Gläubigen war ja Schiffahrt ohnehin etwas Vertrautes, Petrus war ein Fischer gewesen, und mit Hilfe von Schiffen hatte sich der Glaube rund ums Mittelmeer ausgebreitet. Das Schiff entsprang aber nicht nur dem Alltagserleben, es war auch ein Symbol für das Leben, in dem der Gläubige alle Klippen umschiffen mußte. Was lag also näher, als auch den Leuchtturm mit in diese Symbolsprache zu übernehmen, ihn zur Hoffnung für das Lebensschiff zu machen? So wie der Leuchtturm aber nicht nur ein Licht der Hoffnung ist, sondern auch vor gefährlichen Stellen warnt, so wurde er auch als Symbol verstanden. Als ein Zeichen der Warnung und der Mahnung. Als Ritzzeichnungen finden sich Leuchttürme in den römischen Katakomben, den Zufluchtsorten der frühen Christen. Sie waren für ein Lichtsymbol der Hoffnung für Menschen, die als Verfolgte, die versteckt im Dunkeln leben mußten.

Eines dieser Bilder ist noch heute in der Lateran-Galerie in Rom zu sehen: Ein sichelförmiges Schiff steuert auf einen Turm zu, der aus vier,

nach oben jeweils kleiner werdenden Etagen besteht. Auf der obersten Etage lodert eine Flamme. Paul Lächler und Hans Wirz schreiben in ihrem Buch „Schiffe der Völker“: „Der Sonnengott-Glaube übernahm bestimmte orientalische Gottheiten in den in den römischen Pantheon, wie Horus, Mithras, den syrischen Sol oder Heliogabal. Leuchttürme waren ein ‚befeuerndes‘ Sinnbild für alle diese Glaubensweisen - und sie wurden es auch, in einer vergeistigten und verinnerlichten Weise, für die Glaubenswelt des Christentums.“

Aber auch die Griechen kannten schon das Zustreben auf das Licht über dem Meer. So erzählt die Sage von Leander, einem Jüngling aus Abydos, der jede Nacht den Hellespont (diese Meerenge ist heute unter dem Namen Dardanellen bekannt) durchschwamm, um seine Geliebte Hero, eine Aphrodite-Priesterin, am anderen Ufer zu besuchen. Seine Geliebte stand derweil mit einer Leuchte am gegenüberliegenden Ufer und gab ihm die Orientierung. In einer stürmischen Nacht erlosch die Leuchte. Leander verirrte sich auf dem dunklen Meer und ertrank. Als seine Leiche am nächsten Morgen angeschwemmt wurde und Hero sie fand, stürzte sich die Priesterin selbst ins Meer. Den Griechen galt Leander als Sinnbild des Seemannes, dessen Leben leicht ausgelöscht werden kann, wenn er orientierungslos wird. Auch darin liegt wieder eine tiefe Symbolik für das alltägliche Leben.

Das Licht in der Dunkelheit bedeutete aber nicht nur Orientierung, sondern auch Hoffnung. Wenn sich der Zorn in einem

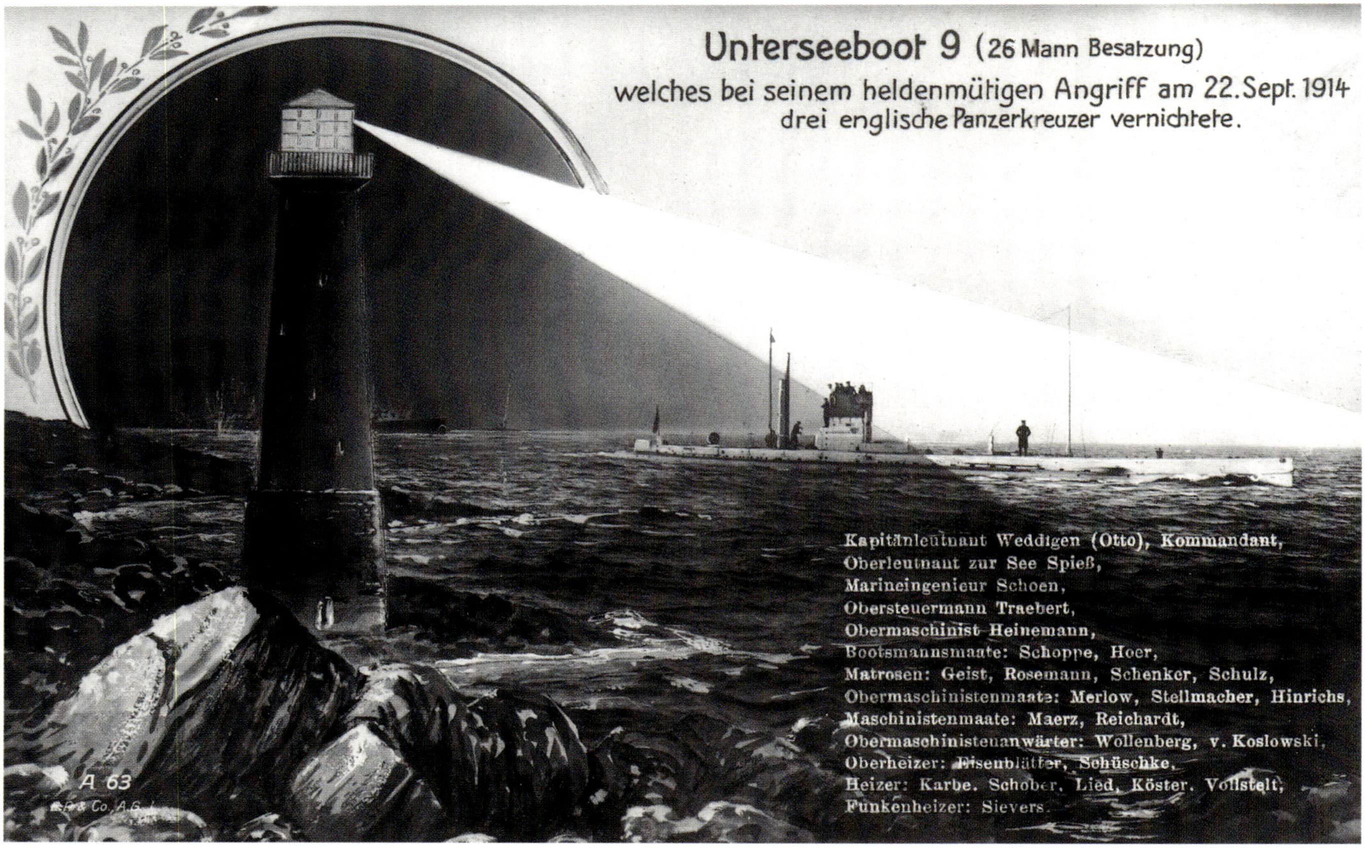

Zeitalter, in dem die Züge von Kaufleuten auf Landstraßen überfallen wurden und Piraten die Seestraßen unsicher machten, besonders gegen die Strandräuber richtete, die falsche Feuer entzündeten, um so Schiffe auf ihren Strand zu lenken, dann hat das sicher mit menschlichen Urängsten zu tun. Es wurde nicht allein die kriminelle Handlung mit Abscheu bedacht, sondern ganz emotional auch der Mißbrauch eines Symbols der Hoffnung und der Mißbrauch von Vertrauen.

Besonders Ende des 19. und zu Beginn des 20. Jahrhunderts gewann der Leuchtturm in künstlerischen Darstellungen an Bedeutung. Die Schiffahrt verband Kontinente miteinander, das Schiff wurde zum Symbol für den Aufbruch in fremde Welten. Während die Menschen ihre Heimat verließen, um auf fremden Kontinenten etwas Neues zu beginnen, fuhren sie an Leuchttürmen vorbei und hatten die Hoffnung, sie eines Tages wiederzusehen. Der Leuchtturm galt ihnen als ein Symbol für Beständigkeit, für Vertrauen.

Einen ungeahnten Aufschwung an Bildmotiven gab es in der Mitte des vorigen Jahrhunderts. Die diese Bilderschwemme auslösende Idee stammte von Heinrich von Stephan, dem Generalpostdirektor des Norddeutschen Bundes, der sie in einer Denkschrift zur 5. Deutschen Postkonferenz 1865 in Karlsruhe formulierte: „Wie umständlich ist es zum Beispiel oft auf Reisen, unterwegs eine kurze briefliche Nachricht von der glücklichen Ankunft, von der Nachsendung eines vergessenen Gegenstandes und so weiter an die Angehörigen gelangen zu lassen; künftig wird ein Postblatt aus dem Portefeuille gezogen, mit Bleistift im Coupé, auf dem Perron etc. ausgefüllt und in den nächsten Briefkasten oder Eisenbahn-Postwagen gesteckt. Hinsichtlich einer großen Zahl von Bestellungen, Benachrichtigungen etc. würde die Übermittlung per Postblatt Usance, wie in den geselligen Gebrauch übergehen."

1869 wurde eine solche „Correspondenz-Karte“ in Österreich eingeführt, und ein Jahr darauf konnte man sie auch im Norddeutschen Postgebiet und Bayern verschicken. Seit 1872 ist es in Deutschland erlaubt, Postkarten selbst herzustellen und die Rückseite beliebig zu bedrucken. Die Ansichtspostkarten waren erfunden. Zugleich begannen die Menschen mehr zu reisen. Sie fuhren an die See und zeigten Freunden und Verwandten zuhause, wie es an der Küste aussieht. Ein Leuchtturm gehörte bei diesen Karten fast immer dazu. Oft waren die Bilder von Malern in Szene gesetzt, die noch nie an der Küste gewesen waren oder zumindest noch nie eine Sturmnacht miterlebt hatten. So entstanden Motive, die jedem Seemann ein Lächeln entlocken. Die Postkartenhersteller versuchten das charakteristische Blinken von Leuchttürmen sichtbar zu machen, indem man auf einer Scheibe die Lichtstrahlen um die Laterne drehen konnte. Durch Lochstrukturen entstand so der Eindruck eines Blinklichtes. Andere wieder druckten Postkarten, bei denen man die Tageszeit wechseln konnte: Schien das Licht auf die Karte, war es Tag, hielt man die Karte aber gegen das Licht, dann war plötzlich Nacht, und der Leuchtturm schickte seinen Strahl weit über die See.

Diese Karten zeigten oft Darstellungen von Phantasieleuchttürmen mit erbaulichen Sprüchen. Manche Drucker gingen so weit, ein einmal vorhandenes Bildmotiv mit immer anderen Sprüchen zu kombinieren.

Bei der Bundespost, die eigentlich immer auf der Suche nach Motiven für Briefmarken war, sind Leuchttürme bisher weitgehend unbeachtet geblieben. Nur ein einziger wurde bisher als gezacktes Bild verkauft: Der

Leuchtturm Alte Weser erschien 1976 als 20-Pfennig-Marke in der Dauerserie „Industrie und Technik“.

Die ehemalige DDR hat sich der wegweisenden Türme an ihrer Küste liebevoller angenommen. Im Mai 1975 brachte sie die Serie „Leucht-, Leit- und Molenfeuer an den Küsten der DDR“ heraus. Es sind fünf Motive mit Werten zwischen 5 und 35 Pfennig.

Das Sammeln von Postkarten und Briefmarken wurde für viele Menschen bald zur Leidenschaft. Firmen brachten nun ganz gezielt Sammelbilder heraus. Ob für Fleischextrakt, Margarine oder Kakao, kleine bunte Bilder wurden in Serie aufgelegt, lagen den Packungen bei, und man mußte immer wieder dasselbe Produkt kaufen, um seine Sammlung zu vervollständigen. Heute zeichnen uns diese Sammelbilder ein Bild jener Tage, in denen sie entstanden.

Ein ganz anderes Symbol ist der Leuchtturm für Rudolf Hausner. Über eines der Bilder des Malers der Wiener Schule schreibt Günter Engelhard 1975: „Hausner ist befähigt, den Leuchtturm nicht nur aus der Erinnerung aufzuzeichnen, sondern ihn auch konstruktiv zu zähmen. Er geht das Problem - sein sexuelles Problem in Gestalt des phallischen Ergänzungsidols zur Kugelvenus - wie ein Ingenieur an, zeichnet den Turm sofort im Schnitt und stattet ihn mit einem Mechanismus aus, der ihn versenkbar macht... Der Turm soll unter die Erde gefahren werden können. Der Leuchtturm also als eindeutiges Phallussymbol."

Daß auch Maler des 20. Jahrhunderts Leuchttürme im Sinne der traditionellen Symbolik sehen, zeigt das Beispiel des Amerikaners Edward Hopper (1882–1967). Hopper war ein genauer Beobachter seiner Umwelt und malte sie in realistischen Bildern. Eines seiner bekanntesten Werke zeigt die Trostlosigkeit und Einsamkeit von Menschen, die sich zu nächtlicher Stunde in einer von Neonlampen hell erleuchteten Bar treffen. Die Darstellung der Entfremdung des Menschen im städtischen Leben zieht sich durch das Werk dieses Malers. Ganz anders aber sind die Bilder, die Hopper vom Meer malt. Er war in Nyack, einem Hafenort am Hudson nördlich von New York geboren worden, mit dem Leben an der Küste also vertraut. Seine Gemälde von Leuchttürmen stehen denn auch in einem schroffen Gegensatz zu den Städtebildern. Sie sind zwar ebenso unverkennbar von

Déposé D.R.G.M.
Nº 404704

starkem Licht durchflutet, aber strahlen zudem ein deutliches Emporstreben aus. Sie sind also Symbol der Hoffnung. Besonders deutlich wird das bei dem 1929 gemalten Bild „The Lighthouse at Two Lights", bei dem das Himmelstrebende des Turmes noch durch die tiefstehende Perspektive des Betrachters verstärkt wird.

Eine ganz andere symbolische Bedeutung fanden Leuchttürme in der Literatur. In seinem Gedichtzyklus „Les fleurs du mal", die „Blumen des Bösen", des französischen Dichters Baudelaire findet sich ein Gedicht unter dem Titel „Die Leuchttürme". Es ist jedoch nicht den Seezeichen gewidmet und auch nicht als Symbol der Hoffnung gedacht, sondern großen Malern gewidmet. Rubens, Leonardo, Rembrandt, Watteau oder Goya, um nur

einige der Erwähnten zu nennen, bezeichnet Baudelaire als Leuchttürme - als hervorragende Geistesleuchten der Menschheit, die mit entsprechenden Versen einzeln charakterisiert werden.

Auch im Film spielen Leuchttürme ihre Rolle. Scharf abgegrenzt wandert immer wieder der leuchtende Punkt des Leuchtfeuers über die Tür von „Rick's Café, Americain" im Filmklassiker „Casablanca". Auch dort ist das Licht ein Symbol der Hoffnung. Der Hoffnung vieler Emigranten, aus Casablanca herauszukommen und eine Passage über Lissabon nach Amerika zu erhalten, wo die Freiheit auf sie wartet. Doch das Licht erhellt den Eingang zur Bar nur kurz, dann wird es wieder dunkel, bis ein neuer Lichtschein wie ein neuer Hoffnungsschimmer auftaucht.

Oben und links: Ostseebad Kellenhusen – Leuchtturm Dahmshöved.

Kiel – Friedrichsorter Leuchtturm.

Leuchtturm Wittenbergen bei Blankenese.

Leuchtturm Holtenau

Der fliegende Gittermast markiert in Holtenau die Einfahrt zum Nord-Ostsee-Kanal.

Der Leuchtturm von Buk steht auf einer Anhöhe. Trotz seiner geringen Bauwerkshöhe von 21 Metern erreicht er so eine Feuerhöhe von 95 Metern. Sein Licht ist 24 Seemeilen weit zu sehen.

Der Leuchtturm Nordmarsch auf der Hallig Langeneß steht zum Schutz vor Sturmfluten auf einer Warft.

Die Abendsonne läßt die Fenster der alten Wärterhäuser am Leuchtturm Westerhever aufleuchten.

Schafe lagern am Deich vor dem Unterfeuer von Glückstadt.

Das Molenfeuer Travemünde ist teilweise aus Glasbausteinen aufgemauert und kann von innen beleuchtet werden.

611

Der Leuchtturm List auf dem Ellenbogen von Sylt ist der nördlichste Deutschlands (großes Foto links und kleines Foto rechts)

Der Leuchtturm Kampen auf Sylt ist noch heute in Betrieb, wurde aber trotzdem 1974 unter Denkmalschutz gestellt.

Links:
Das neun Meter hohe Molenfeuer von Emden ist heute eines der Wahrzeichen der Stadt.

Der kleine Leuchtturm von Borkum wurde schon bei seinem Bau 1891 für elektrischen Betrieb vorgesehen. Zu jener Zeit war das sehr ungewöhnlich.

Der ehemalige Leuchtturm von Brinkamahof steht heute in einem Bremerhavener Yachthafen als Clublokal.

Ein Versorgungsschiff legt am Leuchtturm Alte Weser an, der mitten im Wasser steht.

SOLTHÖRN

Seiner eigentümlichen Form wegen vergaben die Bremerhavener für dieses Unterfeuer den Namen „Minarett".
Links:
Wegen seiner Glocke nennen die Bremerhavener das kleine Molenfeuer an der Einfahrt zur Kaiserschleuse den „Pingelturm".

Auf der Insel Poel an der mecklenburgischen Küste dient der Turm von Timmendorf als Leit- und Quermarkfeuer.

Die Zufahrt zur Schlei markiert der Leuchtturm Schleimünde.

12

Der Leuchtturm Arngast steht mitten im Wasser des Jadebusens.

Als Wahrzeichen Ostfrieslands gilt der kleine Turm von Pilsum, der heute nicht mehr in Betrieb ist.

Im Abendlicht wirkt das Molenfeuer an der Zufahrt zum Neustädter Hafen in Bremen besonders imposant.